祭山車番組之圖

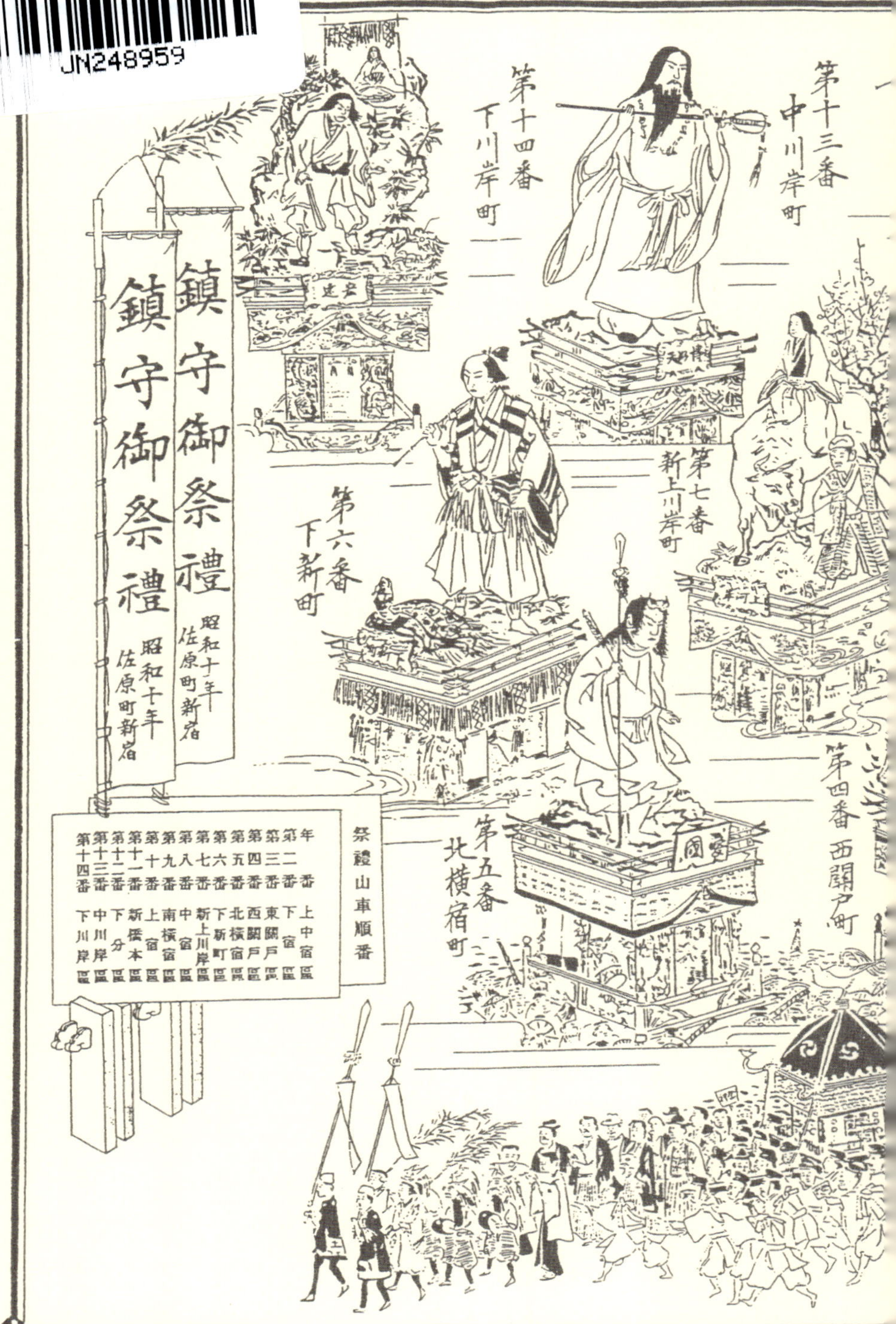

式會社 昭和十年九月二十日印刷 同年九月廿五日發行 【定價 金十五錢】

「ユネスコ無形文化遺産登録」
「日本遺産指定」記念

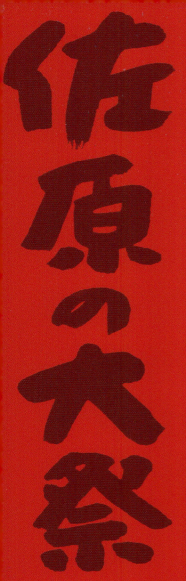

特定非営利活動法人
佐原アカデミア編

写真＝小関与四郎 ほか
エッセイ＝神崎宣武／森田 朗／関谷 昇／
中江有里／菅井源太郎　文＝言叢社編集部（島亨）

佐原の大祭

言叢社

【目次】

秋祭り「佐原の大祭」第３日の「出迎え」、JR 佐原駅前での年番町・新橋本による囃子と踊り

協力者一覧

（あいうえお順、敬称略）

柏木幹雄
香取市
小出皓一
小森孝一
酒井右二
坂本行広
佐原商工会議所
佐原の大祭実行委員会
佐原の大祭全国展開実行委員会
新宿惣町
菅井源太郎
諏訪神社
認定特定非営利法人
江戸優り佐原まちづくりフォーラム
特定非営利活動法人
まちおこし佐原の大祭振興協会
本宿惣町
八坂神社

※本書は、二〇一四年～二〇一五年の夏・秋の山車祭りとその準備など周辺の行事を撮影・取材して成ったものです。また、戦後撮影の佐原の写真は、すべて小関与四郎によるものです。

さあ、祭りにでかけよう

秋祭り２日目、香取街道に並んだ新宿各町の山車群。向かいの山の先に香取神宮が鎮座する。法界寺奥の院より

年番町の新橋本「小野道風」山車に続き、下分「小楠公」山車と順次、各町山車が並び、「車輪の如く」廻る

夏祭り。香取街道、本宿に勢ぞろいした本宿各町の山車群、荒久「経津主命」山車、本川岸「天鈿女命」山車…

夏祭り。香取街道、本宿に勢ぞろいした本宿各町の山車群の最後部から。人ごみで混雑する

秋祭り「源氏三町総踊り」。香取街道沿いの源氏系人形飾りをもつ３町、下宿「源頼義」（写真右）、上中宿「鎮西八郎為朝」（真の手前に山車がある）、上宿「源義経」（写真左）が馬場酒造前で出会い、一緒におこなう総踊り

秋祭り。東関戸、若連の踊り

1 さあ、祭りにでかけよう――いのちと心意気

●多彩な山車・屋台祭りの文化

　東京で祭りといえば、山王祭（日枝神社）、神田祭（神田明神）、三社祭（浅草寺、三社権現）だ。このうち三社祭は、下町の衆が、人波にもまれながら神輿を揉《も》みかつぐ荒々しいすがたで、いちばんに人気があるかもしれない。山王祭と神田祭は、江戸を東西に分ける産土神《うぶすながみ》、日枝山王神《ひえさんのう》と神田明神《かんだみょうじん》の祭りで、かつては隔年ごと交互に行われ、「天下祭り」と称されてきた。附祭りとして生まれた各町の祭行列は、祭礼時のみ江戸城内郭に入り、将軍家に町衆の文化を上覧した。高い山車と人形飾りで城門（北の丸の田安門は高さ四～五メートル）をくぐるために、せり出しなどの工夫も発達した。山車と屋台は、天下祭りで大切な位置を占めてきた。ところが明治・大正になると、市街に電線などの妨害物が増え、山車・屋台の曳行はおもうにまかせぬものとなった。この傾向に拍車をかけたのが関東大震災で、財政的理由も重なり、江戸・東京の祭りは、しだいに神輿だけの祭りへと移って行った、といわれる。

　使われなくなった山車・屋台は江戸・東京周辺の都市に売られ、葛西囃子《かさいばやし》に原形をもつといわれる神田囃子《かんだばやし》などの芸能も、周辺の都市に広がった。「小江戸」と呼ばれる川越市の川越祭（氷川神社）は江戸時代からの山車をもつが、同じく「小江戸」を称し「蔵の町」で知られる栃木市の山車祭り（神明宮など）は明治初年にはじまり、東京の山車などを購入して始まった。その他、関東の全円にわたって、大きくみれば「江戸型」と呼べるような山車・屋台の祭りが広がっている。

　関東の名高い山車・屋台祭りといえば、秩父市の秩父夜祭（秩父神社）と川越市の川越祭だろう。江戸時代後期にはじまり、その山車飾りの見事さや華やかさは、関東では最もよく知られている。しかし、曳山（山車・屋台）祭りの装飾性と華麗さをいうなら、京都の祇園祭が嚆矢《こうし》だし、祇園祭の流れを汲む滋賀県の大津祭、長浜祭、岐阜県の高山祭、古川祭、富山県の城端《じょうはな》春祭、八尾曳山祭などは関東の山車祭りより、はるかにみごとだ。京都・祇園祭の曳山や山鉾は、際立って豪壮かつ町屋を見下ろすように高く、しかもそこに掛けられているゴブラン織りを始めとする織物類は、京の豪商が世界中から蒐めたものとわかっており、その装飾は世界に一つしかない国際性さえたたえている。また、巨大な山車飾りだけをみれば、東北・北陸、西国にいくらもある。

　私たちがいま観る「佐原の大祭」（八坂神社夏祭り・諏訪神社秋祭り）の山車祭りは、このような対照には入りにくい。利根川下流、水郷の中核都市として一帯では知られた祭りであっても、豪華さだけをみるなら比較にはならない。比すべきは、他の祭りでは見えにくい祭礼の大切な核心に触れる、仕立ての深さ、大きさであり、これを可能にした佐原型山車、大人形飾りなどの独自性である。

●水郷の三岔口都市《さんふんこう》「佐原」

　「小江戸」と呼ばれてきた都市には、それなりの由緒がある。いちばんの特徴は、水路によって大消費地・江戸に物資を運ぶ拠点となった町であることだ。江戸の北の守りとされた城下町・川越は、新河岸川→隅田川により、関東の米その他の物産を江戸に

秋祭り。源氏三町総踊り。馬場酒造脇の「源頼義」山車の前で迎える下宿の役員衆と若連

秋祭り。西関戸「山車」前に集まる古役・役員衆

運ぶ拠点だった。栃木は日光例幣使街道《にっこうれいへいしかいどう》の宿場町だが、巴波川《うずま》から渡良瀬《わたらせ》川・利根川を経て、境河岸《さかいがし》・関宿《せきやど》から江戸川に入る水運により、関東内陸部の物資を江戸へと運ぶ拠点となった。

そして、もう一つの「小江戸」と呼ばれたのが「佐原」だが、物資交通圏の広域さは、川越や栃木を超えていた。利根川を遡上して境河岸・関宿から江戸川に入る高瀬船《たかせぶね》・艜船《ひらたぶね》による輸送ルートは栃木と同じだが、佐原への物資の入路は千石船を通じて遠く東北に及び、奥州・北関東諸藩の廻米ほかの物資、さらに関西から入る廻米その他を掌握し、利根川水運を通じて江戸へもたらした。物産の集積と出荷は近場の周辺地域と遠方を結ぶものでもあった。江戸後期に関西の綿花栽培などの肥料に求められた乾鰯《ほしか》(干鰯)、塩、さらには「干潟《ひがた》八万石」とよばれた新田の米も九十九里浜一帯から集められ、佐原から江戸へ、また西国へと出荷された。関西の醤油・味噌・酒等の文化が入ったのもこのルートで、銚子・佐原・野田等の醸造業が発展、濃口《こいくち》醤油の開発など、関東独自の新たな食文化が育っていった。利根川水運の要衝となる地は、当初は潮来《いたこ》、後には小見川《おみがわ》等と競りあったが、千石船《せんごくぶね》が入る銚子河岸とこれを高瀬船に積み替え江戸に送る輸送路で優位を占めた★佐原は、やがて各湊・河岸を凌ぐ地位をえるものとなった。

中国に「三岔口《さんふんこう》」という言葉がある。「岔」は「分かれ道」のこと。「三岔口」は三つの分かれ道をつくる入口＝出口であり、交通の要衝をあらわす。また、実際の交通にとどまらず、物事には分かれ道をつくる流れがあり、その入口＝出口をよく知って治めるものは天下をも掌握する。「三岔口」の概念は中国の歴史が示してきた、物事への考え方をよくあらわす言葉である。

江戸時代、天下の台所とよばれた大坂にたいして、佐原はいわば江戸の台所の役割を果たした三岔口都市であった。佐原の豪商たちは、在所に屋敷を構えるだけでなく、江戸の河岸にも店を構えて事業をおこなったから、江戸文化の粋を吸収し、この文化を佐原に持ち帰った。祭りもその一つだし、俳諧をはじめとする文芸や、学芸の頂点をも吸収し、これらを佐原にもたらした。佐原豪商の頂点にあって、なお、引退後に全国を踏査実測して「日本全図」を作り上げた伊能忠敬《いのうただたか》のような存在があらわれたのは、佐原が培った文化の先端性をよく伝えている。伊能忠敬の業績は晩年の「日本全図」の完成にとどまらない。何よりもまず、佐原の町づくりに尽力したのであり、江戸文化の粋を吸収して、町づくりの中にも映しだした。外部との交通をよく掌握できるためには、町と町衆が結束するかたちとその力が結集できていなければならない。佐原はこの点でも際立っていた。

佐原俚謡にいう「江戸優り」という言葉は、江戸文化の粋を受け取った当時の町の華やぎを伝えているが、それだけではない。「佐原の大祭」こそが、江戸、東京が育みながら失ったものを最も大切に受け継ぎつづけてきた。そこに「江戸優り」があったのである。しかも「佐原の大祭」には、他の山車祭りにはない際立った特質がある。これを踏まえることなしには、佐原の祭りが他に比肩しえぬ「祭り」の核心をもつことがわからなくなる。外から「祭り」を観る者は、眼をこらして祭りの全体を見通さなければならない。私たちは、そこにとても大切なものがあるのを知るにちがいない。

★佐原河岸のが他の河岸を凌駕するようになったのには、利根川流路が潮来側から佐原側に移ったことと共に、小見川は城下町で藩の統括がきびしく、積荷の手数料を押さえるのがむずかしかったのに対して、佐原では、積荷の手数料を競争して下げる町衆の自由な活動があったことによるという。

夏祭り。小野川沿いを巡行する下仲町「菅原道真」山車

夏祭り。小野川下流、船戸地区に勢ぞろいした本宿の山車群。年番の触れによって「通しさんぎり」をおこない、惣町巡行に出発する

清見屋
田屋

秋祭り。香取街道に並んだ新宿山車列は、上宿で折り返して、往還の動きが加わり、ぐんぐん迫る

2 佐原の大祭――「曲曳き」の魅力

●豪壮で優雅な「曲曳き」 では、佐原の祭りの特質とはなにか。本腰で取材する前、二度ほど佐原・秋祭りを観る機会があった。その時の印象をいえば、「葛西囃子」「神田囃子」のような江戸の囃子に近い「馬鹿囃子」もあったが、佐原囃子は、どこか風になびくような笛と鼓が主体の風雅な「段物」の音調が響き、鉦が大きな役割をもつ江戸囃子の威勢さとはすこし違うなという印象が最初に来た。この特質は大切だったのだが、深くは追わなかった。さほど町並みを歩きまわらなかったせいか、山車がかもす華やぎの感覚も、山車を曳く若衆の元気さも不足しているように感じた。山車と飾り人形の比率がなにか不格好に見え、装飾の出来栄えも、川越祭の羅陵《らりょう》王の人形と面、山車飾りを見知っている者には見劣りするように見えた。もうすこし見栄えと楽しさが欲しいな、と思った。だが、この程度の印象記憶はまちがいだった。

二〇一四年の八坂神社・本宿の夏祭り、二日目の午後、本宿香取街道、香取神宮入口交差点から先の荒久、仁井宿の道路に、本宿の山車一〇台が一列に並び、一台ずつ交差点に向って曳かれると、交差点の道路幅いっぱいに大きく弧を描いて「のの字廻し」の「曲曳き」がおこなわれた。それを観たとき、「ああ、そうだったのか」とはじめて眼をひらかれる思いがした。山車を曳く若連の外に大きな輪をつくり、扇をかかげて掛け声をあげる女衆が囲む。そのすぐ際《きわ》まで観客がぎりぎりに取り巻いていたのだが、交差点の向こうから曳かれてきた山車は、ほとんど観客のいる際《きわ》いっぱいにまで、いきなり迫ってきた。そのとき、山車の上の人形が蔽いかぶさるように立ちあらわれたのだ。「曲曳き」で山車が回されると、人形は、あたかも舞踏するかのように生き生きと回り、一回転してふたたび頭上に迫ってくる。「曲曳き」では、「キキ、キー」と迅速にまわすのではなく、その間も鳴る囃子とともに、飾り人形が能の仕手の舞のように浩然と演舞するように曲曳きされる。どの山車人形が載る「曲曳き」も、豪壮にして優雅だとはじめて感じた。

ところが、驚いたのは八日市場の「鯉」の山車だった。本宿の山車群では、八日市場の「鯉」と仁井宿の「鷹」という、他の山車祭りにはない珍しい飾り物があると知ってはいたが、「鯉」の山車の「曲曳き」はちょっと違っていた。ほかの山車は緩やかに曳き回すのにたいして、全長七メートルにも及ぶ麦わらと稲わらでできた「鯉」の山車の「曲曳き」では、山車を曳く若衆が掛け声をあげると、かなりの速度で三六〇度の回転を一気に五度まで回しこんでしまったのだ。この急速な回転に揺すられて、鯉の尾がびーんと左右にはねるように動く。生きている巨鯉。鯉は水下から飛び上がって跳ねるが、山車上の鯉は、さながら、「天空を泳ぐ巨鯉」のようだ。

観客の頭上に迫りつつ悠々と回る山車人形や鷹、一気に回転する鯉のすがたにすっかり魅了されることとなった。そこで改めて気づいたのは、佐原の山車は、最上部にある人形が山車本体に比べてきわめて大きいという特徴であった。鯉も鷹ももちろん大きい。人形はまさしく「大人形」といえるものが多い。この人形の効果が最もよくあらわれているのが「曲曳き」だったのである。

3 佐原の大祭の特質――山車と大人形の特異性

●江戸型とは山車の立ちあらわれがちがう

各地で行われている江戸型山車をみると、多くは一層目（下から順に見て）前部の張り出し部（囃子台）に、小太鼓などがつき、囃子手や舞手は前方のみを向いて演じる。二層目のおもては飾り幕（水引幕）で覆われ、その階上に飾り人形が立つ（江戸三重構造山車）。人形はちょうど雛段の上にあるように見える。一層目の内部にセリ枠（行燈《あんどん》ともいう）と人形棒が据えられ、上方へ迫《せ》り上げ下げできる昇降装置になっている。セリ枠（内枠）が上がると二層目が立ち上がり、さらに内枠から人形棒がせり上がると二層目の階上に人形が立ち上がる。完全にせり上げたときと、なしのときとの高低差は三メートルを超える。一層目先頭部の張り出し部の上には、川越型のように唐破風《からはふ》の屋根があったりする。このように二層の構造でその上に（三層目として）飾り人形をもつ山車では、身の丈からみると、人形の形姿はかなりの高さになって観客の眼からは隔たって見える。

もう一つの江戸型は、一層のみで屋根の上に飾り人形が立つ（江戸二重構造山車）。人形棒による「せり上げの仕掛け」があるものと、ないものとがある。一層の建物前面の張り出し部（囃子台）に小太鼓などがつき、囃子手舞手が同じように演じる。

最後が佐原型の山車。★ 江戸二重構造型とほぼ同じ山車だが、格《ごう》天井《てんじょう》の上に大人形が載る。セリ枠はなく、佐原独自の人形棒せり上げの「仕掛け」★★が、一層目（下座）内部に置かれている。内部はかなり窮屈で、「下座連《げざれん》」の囃子手が数人入るだけでぎりぎり。全部で一五、六人にものぼる下座連の多くは、山車の外側に腰掛ける。山車高は四メートル以上。佐原の飾人形には、等身大をはるかに超える大人形（四〜五メートル）がある。それだけで江戸型の二層部分と人形の高さを合わせたほど、全体では江戸三重構造型に近づく。山車全体に占める飾人形の比率が際立って大きく、地上から仰ぎみると、その大きな形姿がまじかに迫って立ちあらわれる。

江戸型山車の多くは、前面の張り出し部に囃子手や舞手が乗り、述べたように、前方を向いて囃子や舞いを披露する。観客はおのずと山車の前面に注意が向けられる。川越祭りの最も見ごたえのある場面である「曳っかわせ」は、交差路で数台が立ちふさがり、山車同士が向き合った時に生まれる。向かい合った山車の囃子手が馬鹿囃子をチャンチキ、チャンチキと鉦や笛を高鳴らせて出会いの場をせり上げる中、ヒョットコ、オカメ、白狐の面、獅子頭などを被った舞手が、あらんかぎりの表情をつくり舞いまくる。この出会いのせり上げが山車祭りの高揚した情景を作り出している。

ところが、佐原祭りの山車は、このように前方を向く囃子や舞を持たないから、山車相互の出会いで情景をせり上げるような効果はもっていない。観る者によってはさびしくも感ずるかもしれない。だが、川越祭りの山車がもたらす効果が、より芸能を楽しむ方に「風流《ふりゅう》」化が進んでいるのに対して、佐原の山車は、層上に掲げた大人形をいかに奉戴して人々に仰がせながら、巡行するかに最大の演出性が与えられている。大人形や鯉・鷹の造り物を奉戴しつつ、その生き生きとした立ちあらわれを演出した「曲曳き」が山車祭りの最も高揚した場面をつくっている。

★山車型の分類については、清宮良造著・小出皓一補『定本佐原の大祭　山車祭り』に依拠した。村田挂一氏による分類（『続・江戸型山車のゆくえ』千代田文化財調査報告書十一、千代田区教育委員会、一九九九年）では、「三重構造型」は「重層型」に、「二重構造型」は「単層型」と呼称している。

★★江戸三重構造型山車では、山車の建造時に、「セリ枠」と人形棒を内部に仕込んでおく必要があった。一方、佐原型山車には「セリ枠」がなく、大人形の下部を縮ませる「提灯胴」の工夫と人形棒による「せり上げ」だけで、大人形飾りを大きく上げ下げできた。これは山車構造上の重要な違いである。

夏祭り。荒久に整列した山車群が香取神宮入口交差点に入り、順次「のの字廻し」を演じた。船戸「神武」山車

4 人像造形の歴史を伝える

山車の上に乗る人形は一般に「飾り物」と呼ばれている。佐原の夏の祇園祭について飾り物は「疫神の依り代」だから、かつては祭りの後で破却するものだったという見解がある。一方で、「人形」は「神の依り代」ともされる。京都の祇園祭では笠鉾《かさぼこ》、曳山《ひきやま》、舁山《かきやま》などに「御神体人形」が置かれ、各地の曳山・山車祭りでは、人形が置かれる場所を「神座」と呼んできた。

「佐原の大祭」は、夏は本宿・八坂神社の神の祭りであり、秋は新宿・諏訪神社の神の祭りである。では各町が曳き出す山車の上の人形は、時に神々だったり、天皇だったり、貴族（学問の神、学芸の神）だったり、武将だったり、物語の主人公だったりするのは、どのような存在なのだろうか。これらの人形は各町毎の制作時に衆目が一致するところで選ばれたにちがいないが、なぜこの人形がその町にあるのかは、決してうまくは説明できないかもしれない。

だがここでは、全国の神々が出雲に集まるという「神有月《かみありづき》」のように、この町の大祭に、およそみな異なる神々、人像の神々が集い★、災厄を払い、人びとの暮らしを寿《ことほ》ぐ日と考えたほうがわかりやすい。山車の「山」は神々をあらわし、神々の出現を受けて、神々を奉献し巡行するのが祭りである。西行法師が伊勢神宮をうたったと伝える俗歌にも、「何事のおわしますをば知らねどもかたじけなさに涙こぼるる」とある。これを現代風に解すれば、私たちは暮らしの営みのなかでほんとうに大切だと思うものを、心の奥に掲げて生きている。その心の奥にあるものを「神」と呼んでもよい。すると、山車人形とは、そのような心の中にある神を高く掲げて歩む、私たちのすがたを語るものともなるだろう。

個々の山車がかかげる人形には、その町内がたどった歴史が含まれ、なぜこの人形なのかには、何事かの言い伝えがある。その町にとっての大切な言い伝えだ。伝えてきた者にとっては、この人形がとても大切なのであり、受け継ぐ者もこの大切なものを受けとらねばならない。受けとる者は、それが自分の内面の中に確かにある「なにか大切なもの」と無意識に受け取っていなければ、町衆の一人としての自分の心を解き放てない。

また、そこには人形（人像造形）の歴史も含まれている。佐原型山車の大人形飾りは江戸末期から明治・大正期につくられた。江戸後期の制作と伝える上川岸の「牛天神《うしてんじん》」、下川岸の「素戔嗚命《すさのおのみこと》」はこれとは明らかに異なる。二つの山車人形は大きくはなく、いかにも江戸後期の精緻な人形づくりだ。文楽人形や能面の趣きさえうかがえる。明治になると大人形というだけではない、生身《なまみ》のような写実と人形の裸性・装飾性をあわせもつようになる。

神仏《かみほとけ》をかたどる人像造形の歴史は、鎌倉時代の仏師・快慶の作にみるような、現世のただ中に顕現する仏神の造形によって転回した。そこに能芸の劇的象徴や、文楽にみる物語性、雛人形にみる縮小・単化された造形感と装飾性が包みこまれ、明治にはいって、さらに迫真の写実性がくみこまれることとなった。

江戸人形師・福田萬吉や、生《いき》人形師と呼ばれた安本亀八はその到達点をさしている。佐原の山車人形は、西洋の人像造形とは異なるこの国の人像造形史の展開を語るものともなっている。

★京都・祇園祭にはじまる「曳山」祭礼に対して、「置山」という「造り物」を立てる祭礼が播磨国総社・射楯兵主神社（姫路市）に残されている。二〇年に一度の「三つ山神事」、六〇年に一度の「一つ山神事」だが、「三つ山」は高さ一五メートルに及ぶ円筒形の置山。このうち、二色山は播磨国の大小明神、五色山は九所御霊大神、小袖山には天神地祇（国中の神々）を迎え祀る。小袖山では町中から小袖が集められ、置山の周りに、何段にもびっしり並べ掲げられる。ここにも神々が集うという祭りがある。播磨国総社の「置山」に対して、実際の山を祀る祭礼が播磨国一の宮・伊和神社の「三つ山」神事である。

5 「人像の神」と「生き物の神」

山車にかかげられた人像の神さまは、その表現のうちに、この国の人像造形の歴史をたたえてきた。各地の山車人形をみると、雛人形の伝統美といったものはうかがえるにしても、造形の歴史が抱えてきた奥行きはしだいに見えにくくなっている。佐原の山車人形は、神仏《かみほとけ》をかたどる人像造形の歴史をよく伝えるものとして、類例がないものだ。だが、それだけではない。佐原の山車には、最も原初的、基層的ともいえそうな神の姿が、顔をのぞかせている。「稲わら、麦わらでつくった鯉と鷹の神」である。

はじめてこの山車飾りに出会ったとき、誰もがぎょっとする。奥州各地に伝えられてきた「鮭の大助《おおすけ》（「鮭の王」）」※一七七頁の注★を参照 伝承は魚が神であったことを示唆しているし、かつては東北・関東にまで居住したアイヌの人々はフクロウや鷹や鮭を神として祀ってきた。

この国では山川草木《さんせんそうもく》をみな神・精霊とする信仰が連綿と続いてきた。佐原の山車宇宙、なぜこれほどに大きな山車人形に固執してきたか、この特質を理解するには、「人も神、自然も神」というもっとも広義の「神」の理解からみるのが、いちばんわかりやすい。そこでの神々には地位の差もなく、それぞれが個性を放つ。この土地に暮らしてきた人々のごく自然な感性からすれば、掲げられた「わら造りの鯉と鷹」や、大人形飾りの人像は、成りあらわれた神々の一員として、等しくここに集まり輝いている。

「稲わら、麦わらでつくった鯉と鷹の神」は、八日市場と仁井宿の人たちが江戸時代から、手造りしてきた佐原の祭礼の、もっとも古い造り物の伝統を語る。水郷の民俗に「藁人形の神」★★の祭りがあったことが知られている。「藁の造り物」は当時の村人にとってごくあたりまえだったたし、山車に載せるのも、自然なことだったかもしれない。けれども、これほど大きな造り物が今も造られ、演じられ、生かされているところに佐原山車祭りのふしぎな情景がある。

山車人形飾りの主題となっているのは、記紀の神［本川岸・天鈿女命《あめのうづめのみこと》、浜宿・武甕槌命《たけみかづちのみこと》、田宿・伊弉那岐命《いざなぎのみこと》、荒久・経津主命《ふつぬしのみこと》、西関戸・瓊々杵命《ににぎのみこと》、上新町・諏訪大神、下川岸・素戔嗚命《すさのおのみこと》と奇稲田姫《くしなだひめ》の七神］、記紀の天皇など［船戸および仲《なか》川岸《がし》・神武天皇、北横宿・日本武尊《やまとたけるのみこと》、南横宿・仁徳天皇の三神人］、学問の神・学芸の神（下仲町《しもなかちょう》・菅原道真、新上《しんうわ》川岸《がし》・牛天神こと菅原道真、新橋本・小野道風の二神人］、武将［上仲町《かみなかちょう》・太田道灌、上宿・ひよどり越えの源義経、下分《しもわけ》・楠木正行《くすのきまさつら》、上中宿・鎮西八郎為朝《ちんぜいはちろうためとも》、下宿・厨川《くりやがわ》の柵の源頼義《みなもとのよりよし》、東関戸・楠木正成《くすのきまさしげ》の六神人］、伝説・物語の英雄［寺宿・坂田金時《さかたのきんとき》と山乳母、下新町・亀と別れる浦嶋（浦島）太郎、中宿・桃太郎（中宿の山車は未出場）の三神人］の計二一神（神人）だ（菅原道真が二町、神武天皇が二町ある）。

ここにあらわれる山車人形の神人像は、多くの山車祭りでもよく見かけるものだ。しかし、江戸系の二重・三重構造型山車の人形飾りは、人形飾りを見上げる者には遠すぎて、しかも比較的に小さな造形のため、見る者にせまる迫力がない。佐原系山車の人形造形だけが、際立って大きく造られ、迫るように立ち顕われる。しかも、造形された神人像は、京都「時代祭り」のような奥行きのない祭礼絵巻ではない。佐原の祭礼には、この列島の古層の文

★★藁人形の神を祀る習俗は、道祖神祭と重なって広く分布するが、水郷地域の例では、つくばみらい市西丸山の「祈祷囃子」に男女の藁人形が立てられる。この人形は香取市に隣接する茨城県稲敷市阿波・大杉神社の「あんばさま」信仰の「天狗」とされる。大杉神社の巨大な神木はかつて香取海の舟運の目印だったといわれ、「あんばさま」は海難水難の神として信仰され、水郷地域を中心に広く信仰されてきた。その囃子は佐原囃子にも影響しているといわれる。藁人形の神は、茨城県北部では「大助（おおすけ）人形」と呼ばれ、秋田県など東北に広がる「鹿島様」などの藁人形には高さ五メートルにも及ぶものがある。

秋祭り。小野川沿いに集まった山車と町衆は、囃子に合わせていっせいに総踊りを演ずる。東関戸「大楠公」山車

化の、時間の深さや厚さが湛えられているのだ。

6 山車を動かす力

「曲曳き」=「のの字廻し」の魅力は、頭上に、浩然と立ち迫まってくる大人形（神人）の曲舞だけではない。観る者の眼は大人形のすがたから、山車に乗る下座連《げざれん》の表情や手つき、奏でられる「囃子」の音曲へ、さらにその下、山車を曳きまわしている若連たちの力業に引き寄せられる。梃子棒《てこ》が正面の前輪とだい栓のあいだにしっかりと差しこまれ、これを二人の若衆が支える。四隅につく若衆は、「中天上」（下高欄）や「象鼻」の下に頭を入れ、「象鼻」を肩にかけたり手づかみにし、回転がはみ出しすぎないように、必死で山車を抑えている。梃子棒の持ち手の間に入った二人の若衆も山車の回転を押さえる役割をもつ。そして、一〇数人ほどの後懸りの若連たちの一気の力の結集がなければ、「曲曳き」はできない。拍子木で廻しは始まる。音曲と扇子をかかげた女衆の「ワッショイワッショイ」という掛け声にあわせ、若衆の力が一体になったとき、はじめて「曲曳き」がおこなわれる。若者一体の情景の放射が、観る者と演ずる者との心に響きわたる。どんな説明の必要もない、祭りの最も高揚し、故しらぬ存在の身ゆるぎを感ずる美しい光景だ。いったい体感する者と、観る者との間合いに何が起こるのだろうか。

神々あるいは精霊についての信仰は、西洋とこの国では違う。キリスト教の唯一神は「死なない者」である。「死なない」のだから、神とは「生まれない者」でもある。聖母マリアが処女懐胎したのは、生まれない神が、生む者の腹に神の子を宿させたのだ。神の子イエスは、生まれない者である神と、生まれる者である人間とのあいだをとりもつ。神の子イエスの磔刑《たくけい》は、生まれ、死ぬ人間の運命について、みずからの受難と復活により神の言葉《ロゴス》を証《あかし》だてる。

だが、この国の神は、死して「成《な》る神」である。死んだ人はやがて祖霊となり、神となる。★生まれ、死ぬさだめの人間は、ひたすらに山車を曳く働きによって、この世界を生き、神を動かす。神は人々の曳行により巡行してはじめて、人と同じく、生まれ死ぬすがたをとる。神人をいただく山車を、力をつくして共同で曳くことで、われわれはそれぞれの生きがいと、さらに「共に生きて働く」かたちを感得する。曳く者も、観る者も、内観する心の無意識のうちに、「生きるとは何か」を、祭りの場所からゆえ知らず受け取っている。祭りは、われわれの日々に、生きるすがたを再び見つめ直し、感受し、歓びとともに分かち合う、集団的想像力《イマジネール》の装置なのだ。

「佐原の大祭」の山車宇宙は、山車、飾り人形といった物とともに、山車を曳く若連（若衆）と子どもたち、囃子連、手古舞の女衆、さらにはこれらを差配する地区の年寄衆（区長、古役、当役）、観る者がそれぞれに役割を分担しつつ一体となって造られる世界である。

山車を曳きまわす街路での約束ごと、祭りに加わる人々の約束構造が、伝統に支えられつつ見事な響きあいを保つ。祭りに加わる者は、ほとんど無意識となったこの世界感受の秩序をごく自然に知っている。祭りでは、役割を守ることが大切だが拘束ではない。やすやすと約束を担うのだ。「はみ出しごと」も起こるが、自由さも適切に認められる。祭りの街頭では、およそさまざまな人たちが町のにぎわいに顔をのぞかせている。これが祭りなのだ。

★沖縄北部に分布する「シヌグ祭」は、山から神が村に来訪する祭りとして知られるが、国頭村奥のシヌグ祭には「ビーンクイクイ」と呼ばれる行事があり、村でいちばんの長老を桶に入れて乗せ、空手や棒術の男を先頭に村を練り歩く。長老は神にもっとも近い存在として、村で大切にされ、その神に近い人が山から来訪して村を練る。この事例は、山車に載る神人像の一つの起源を示唆している。この国に「生き神」の信仰が強固に存続してきたことの研究として、加藤玄智『本邦生祠の研究』（一九三一年）があり、戦後の宮田登の労作『生き神信仰』（一九七〇年）は前著から多くの影響を受けて成った。

7 佐原の町立て、その構造——本宿と新宿

佐原旧町（江戸時代は佐原村）は、小野川を挟んで右岸・東側の「本宿」、左岸・西側の「新宿」に分かれる。江戸の産土神《うぶすながみ》が東の日枝山王社と西の神田明神とに大きく分かれているのと同じ、双分のかたちをもつ。小野川を挟んだ二つの宿が対面することで、町の栄えを競い合う力の構造がつくられている。本宿の鎮守は「八坂神社」、新宿の鎮守は諏訪山に鎮座する「諏訪神社」。本宿・八坂神社の例祭「祇園祭」は毎年夏、七月一〇日以降の金・土・日におこなわれ、新宿・諏訪神社の例祭「佐原の大祭」は毎年秋、一〇月の第二金・土・日の各三日間。いずれの例祭も近隣の町から多くの人々が参集し、その規模は合わせて三〇万人にも及ぶという。もちろん、祭りの盛名は近年とみに東京圏にも及んでいる。また、佐原を郷里とする人たちが、祭りを機会に郷里に帰るのを楽しみにしている。

定年退職して、子どもの頃から親しむ佐原囃子と山車の曳行を忘れられない人たちは、故郷に家を求めて帰り、町の人の暮らしを愉しむ。「役物」の荘重、「段物」の風雅、風俗歌謡を抱えた「端物」の賑やかさなど、「佐原囃子」のもつ幅広い音曲の調べは、この町で育った人にとって忘れられないものだ。夕暮れ、小野川の風に涼んで休んでいると、一時の帰郷を愉しむ人の声が響いてくる。

もう一つ、興味深かったのは、夏祭りに華やぐ香取街道の本宿側にたいして、新宿の店屋、家並みはしんとして祭りはどこにあるのか、と思うほどなのだ。秋祭りでも同じで、街道沿いの店屋を除き、本宿側の家並みがしんと静まるのは変わらない。小野川を挟んで対するふたつのまちの暮らしのありようが如実にうかがえる。祭りをおこなわない側の人たちは、祭り町内に出かけるのか、それとも普段のように過ごすのかは、なかなかに興味深い。おこなわない側の町衆の営みは静かだが、二つの宿共に相手の祭りについては、ひそかな対抗を湛えている。町の静けさのうちに、心のバネをたわませている人びとの身ずまいをのぞきみるようだ。

夏・秋の「祇園祭」、「佐原の大祭」のすがた、かたちの成り立ちをみるには、本宿・新宿が成立した「町立て」の姿について、おおまかにでも確かめておく必要がある。

●佐原のはじまり

湖水と河川がいくつもの水の流れをつくる水郷の景観は、時をさかのぼるほど茫々として、形態があいまいになる。縄文の海進期から古代まで、この地域は、常陸側には「香澄流海《かすみのながれうみ》」（のち西浦、いまは霞ヶ浦）と「鹿島流海」（いまの北浦）があり、下総側では現利根川・印旛沼・手賀沼も海で、流海が大きく内陸に及んでいた。香取のあたりは「香取海《かとりのうみ》」、鹿島との間の海は「浪逆海《なさかのうみ》」と呼ばれ、これらの流海に小貝川、鬼怒川・広川（常陸川）が流れこんでいた。古代から中世にかけて流海に諸河川からの土砂が堆積すると、しだいに陸地が広がり、流海はやがて湖沼のかたちをなすようになった。さらに、この地域の地勢に大きな変貌をもたらしたのは、江戸幕府による利根川東遷の事業によってである。

いまは西浦（霞ヶ浦）から流れでる水は常陸利根川となり、その左岸に潮来《いたこ》がある。右岸は下総であり、新島、十六島などとよばれて

香取市域に属する。新島・十六島は、今日の利根川本流と常陸利根川と、この二つの川を横断する横利根川によって囲まれた寄洲。常陸利根川は潮来を過ぎると、やがて北浦から流れでる水と合流する広がりに出る。この水の広がりが浪逆浦《なさかのうら》（いまは内浪逆浦《うちなさかのうら》が陸地となり、外浪逆浦《そとなさかのうら》と呼ばれる）。その名のとおり、このあたりは流海の出口に近く、内海から流れでる水に、外海の高潮が押し寄せ、激しくぶつかり逆立つところだった。佐原の水辺もまた「香取のうみ」「香取浦」の名のとおり、古代には海だった。そこには、香取神宮に魚を献上する「海夫《あま》」が暮らし海漁《うみりょう》をしていた。下総台地の下に広がる佐原の平低地に暮らす古代・中世の住民の多くは漁撈民であり、時には海を渡る海民だった。川泥の堆積で寄洲が大きくなると内海は後退し、やがて川水が広がるようになる。すると、「海の民」は川漁からさらに舟運にたずさわる「川の民」となる。赤松宗旦の『利根川図誌』に示すように、利根川ではおびただしい鮭の遡上がみられ、佐原の「川の民」は半農半漁、舟運の営みをしていた。本宿のお年寄に聞くと、「むかしは鮭がたくさん取れたそうだ」と語ってくれる。「浪逆浦《なさかのうら》」、「香取のうみ」とよばれてきた海辺と寄洲の織りなす眺望は、海と地の茫々とした風光を

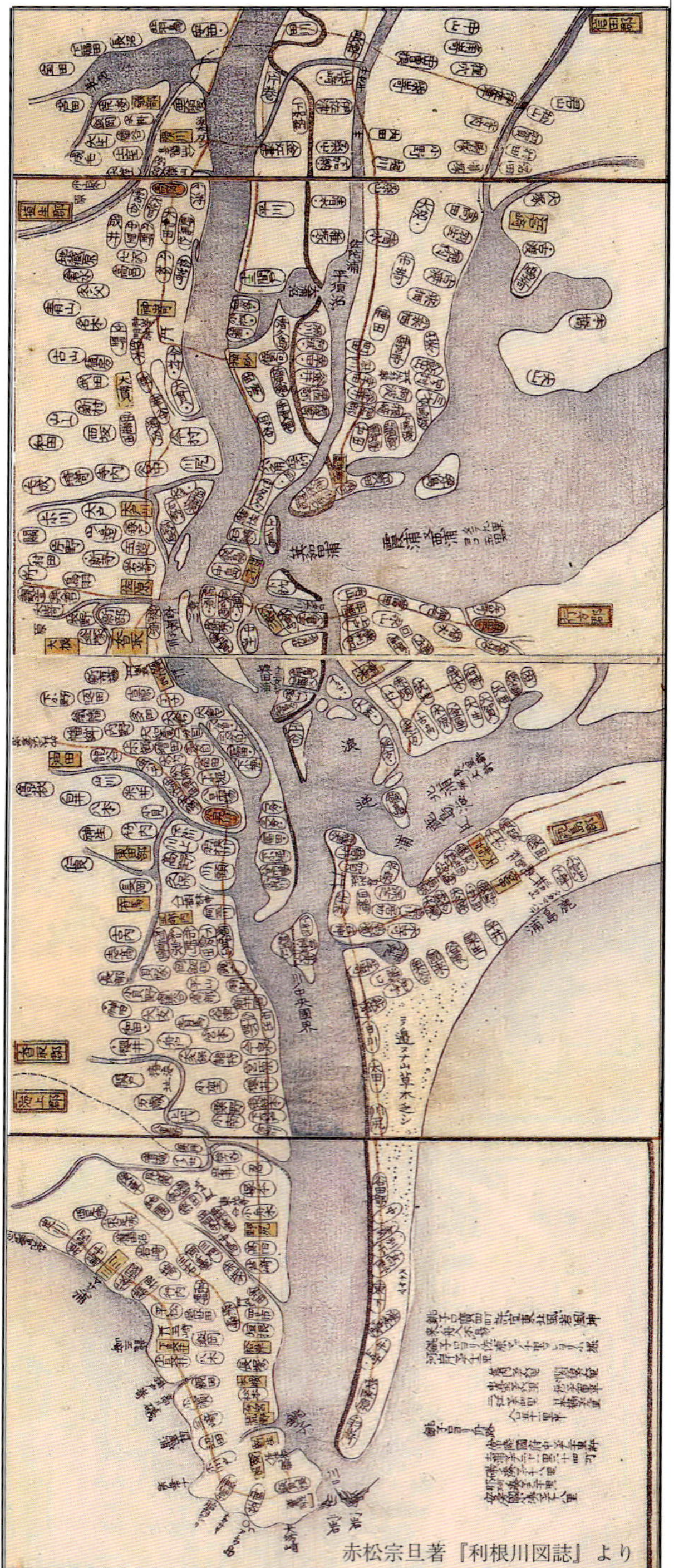

赤松宗旦著『利根川図誌』より

長くとどめていた。

下総台地を下った佐原の平低地では、微高地（本宿付近の微高地で標高四・四三メートル。新宿側はそれより低い）に集落が営まれた。微高地上の耕地には畑、台地と微高地（海進時代の砂洲と利根川の自然堤防により生まれた微高地）のあいだの低湿地、および利根川沿いの自然堤防下の低地（明治の市街図に示されるように、JR佐原駅とその線路がこの境界線にあたる）には水田が営まれてきた（自然堤防下の市街北側の低地に集落が営まれたのは、小野川沿いを除いては近代に入ってからだった）。

●本宿の開発

この佐原の地に大きな変化が生まれたのは、一つに、小田原・後北条氏の滅亡によって、その家臣であった矢作城主・国分氏が敗亡の道をたどったことによる。永澤（長澤）家初代・長澤伊豆守俊元は国分遠江守に仕え、栗源町（現・香取市）荒北（永澤屋敷の名が残る）と関戸村を領した、という。国分氏の居城・矢作城が秀吉の軍勢により落城したのは、天正一八（一五九〇）年。永澤氏は、この前後に佐原村本宿の浜宿に屋敷を構えたとみられる。本宿の浄国寺は永澤家の開山になる。同じく国分氏の重臣だった伊能三郎右衛門家の初代・伊能壱岐守景久もまた、永澤氏と前後して、所領地だった伊能村（現・成田市）から農民を引き連れて「天王臺」付近の台地に居を構え、ついで関戸村に移り、最後に小野川沿いの本宿橋本に住した★と伝える。両家が佐原の地に入って、最後に本宿側に居を構えたのは、本宿側が新宿側に比して比較的に標高のある微高地だったことによるだろう。宅地・耕作地として適切だったことがうかがえる。

★本宿・橋本に居を構えた伊能本家は伊能三郎右衛門家と称し、代々本宿名主を継承。十代が伊能忠敬。初代・伊能壱岐守景久はのち、二男の住む新宿・新橋本に隠居。二男・伊能茂左衛門家は新宿・下宿の名主となった。伊能権之丞家は茂左衛門家四代宗昧の二男・伊能茂助を初代とし、本文に記すとおり、

本宿には国分氏の重臣だった永澤氏・伊能氏や小井戸氏が居を構える以前に、八日市場の集落と耕地、浜には漁撈や舟運に携わる人々、有力氏族が居住していたが、これらの士族がこの地に居を据えたことは、のちの発展にとって大きな影響をもたらした。商業と舟運が盛んとなり、人びとの流入がはげしくなるなかで、とりわけ永澤・伊能両家の力が増大し、支配を強めるようになる。

「伊能三郎右衛門文書」の『佐原本宿、牛頭天王の御由緒』に、文亀三（一五〇三）年、「小林道満より勝城院屋敷寄進あり」とあり、八日市場の土地を「市神天王」社に寄進したことが知られる。ここにあらわれる小林（古林）氏についてみると、八坂神社の北側に面する浜宿の持福院墓地（今は墓地のみが残り、隣りに浜宿の山車蔵が建てられている。『佐原市史』では宝珠山持福院は荒久にあったとしている）に「古林家祖先之碑」がある。記銘の筆頭に「道溢　玄蕃先祖、永禄七［一五六四］年六月七日」とあり、道満は道溢からさらに遡る小林（古林）氏の祖であったとおもわれる。この頃、小林（古林）氏は勢力をもった一族であったのだろう。近世に本宿の鎮守となる祇園・牛頭天王社（いまの八坂神社）の古層には、このような近世以前の住民による祭祀の跡がうかがわれる。

●近世佐原の台頭——寄洲の新田開発と利根川東遷

近世の佐原を大きく変貌させた第二は、佐原の海辺（川辺）の向こうに広がる広大な寄洲の開発だった。江戸幕府は利根川の舟運とともに、蔵入地の拡大と防備をふくめて、常陸・佐竹藩との境界にある寄洲の新田開発を進めさせた。伊能本家二代景常は、この寄洲・新島の新田開発をさかんにおこなっている。寄洲の新田開発

用水路開発、鎮守祭祀など佐原の町の形成に大きな足跡を残した。さらに伊能七左衛門家、伊能平右衛門家（明治二八年から諏訪神社神主）、伊能藤右衛門家、伊能市郎兵衛家を合わせて「伊能七家」と呼ぶが、このほか本宿には伊能七郎右衛門家があり、五代豊秋の日記は佐原の歴史記録として欠かせない。

は、元をただせば誰の所有にも属さない処女地であり、幕府の許可の下で開発に先鞭をつけたものが保有できる場所だった。★言いかえると、人事がかかわる「はじまりの土地」が眼の前に広がっていた。当然に寄洲近縁の各村は寄洲の新田開発にまい進したから、各村の争いも多くそこから生まれた。荒川・砂場・向洲（津）などは「佐原新田」と称された。永澤・伊能両家はこの寄洲開発により、大きな財を得ることとなった。

さらに、近世の佐原を変貌させた第三の契機は、利根川舟運だった。近世に入っての利根川の「東遷」「瀬替え」は、霞ヶ浦（西浦）・北浦の湖水を抱える常陸から、下総低地・台地までの常総地域（常陸・下総地域）とも呼ばれるこの地域の人びとに、新たな経済の息吹をもたらした。東遷は何次にもわたる河川工事によって進められたが、承応三（一六五四）年の赤堀川の開削により、利根川本流は常陸川を経て銚子河口にいたる河道が完成する。この「東遷」により、利根川を遡行し境《さかい》河岸・関宿《せきやど》から江戸川を通じて江戸へといたる高瀬船や艜《ひらたぶね》船による輸送路ができ、やがて江戸を支える大動脈へと発展する（木下［きおろし］河岸から江戸川・行徳河岸にいたる「木下街道」など、途中陸路の交通もあった）。東遷した利根川下流には数多くの河岸が誕生した。下総側の銚子湊飯沼河岸（銚子湊の河岸は時期によって新生村・荒野村・今宮村にもあった）、松岸河岸、高田河岸、野尻河岸、小舟木河岸、石出河岸、笹川河岸、阿玉河岸、小見川河岸、津宮河岸、佐原河岸、常陸側の息栖河岸、潮来河岸、牛堀河岸、結佐河岸等などである。

東遷ののち一八世紀後半頃までの河道は、「常陸川」（いまの利根川中流、中利根川）→「将監川（開削されて新利根川とも）」→横利根川→霞ヶ浦（西浦）→北利根川（ここから常陸利根川とも）→「浪逆浦《なさかのうら》」→常陸利根川と流れ、銚子河口にいたるものだった（括弧はかつての川・浦名）。この河道からは、潮来は北利根川に面しており、東遷した利根川水運の要衝になる場所に位置していた。当時、奥州からの廻米は常陸の那珂湊《なかみなと》に入り、そこから涸沼《ひぬま》を経て海老沢《えびさわ》で陸上げされ、北浦の鉾田《ほこた》河岸または小川河岸まで陸送で運ばれた。★★そこから積荷の多くはいったん潮来河岸に集積した。潮来には伊達藩をはじめ東北諸藩の蔵屋敷が置かれ、奥州廻米を江戸に運ぶ要衝となった。

ところがたび重なる流路の開削変更と洪水、寄洲の水田開発が重なり、香取海に広がる寄洲はしだいに広域化し、元文年間（一七三六〜一七四〇）には、利根川本流は潮来が面する北利根川の流路をやめ、かつては「香取のうみ」「香取浦」と呼ばれた現在の河道を通るようになった。この河道の変更と銚子湊の築港により、東北からの廻船は銚子湊に入り、そこから川船に積み替えられていまの利根川本流に入り、江戸へと運ばれる新たな「内川廻し」の水運が出来上がった。銚子湊の河岸の一拠点だった荒野《こうや》村には、潮来から東北各藩の蔵屋敷が移転するようになる。★★★潮来河岸は利根川本流から遠ざかり、新たな本流の右岸にある佐原河岸、小見川河岸、津宮河岸などが、江戸への物資輸送の要衝となる可能性をもつにいたった。

多くの河岸がある中で、競争に打ち勝つためには積荷手数料や持ち舟数、扱い量と速さ、手配能力などの条件があっただろう。佐原では、積荷の手数料を競争して下げる町衆の自由な活動があったことが大きな力になったという。奥州廻米の多くが、銚子

★近世初頭の新田開発の動向は、伊能景利『部冊帳』に詳しく記され、それだけの関心と活動の様子がうかがえる。また、津宮・久保木正道文書によれば、元和元（一六一五）年、代官堀江内蔵助が津宮村の村役人に宛てた文書に「新嶋之内作申候場を、…（中略）…何方にてものぞミ次第ひらき作り可申候…（以下略）」とある。幕府が新田開発について、「何方にても望み次第」であると奨励していた様子がうかがえる（木村礎・高島緑雄編『耕地と集落の歴史—香取社領村落の中世と近世』文雅堂銀行研究社、一九六九年、三七—三九頁）。

湊を経て佐原河岸に集まり、そこからさらに江戸の河岸へと運ばれた。奥州廻米だけではない、佐原は近隣の物産集散地として、これらを江戸、さらには大坂へと送りだし、上方文化の移入による醤油、酒造業を盛んにし、「関東灘」と呼ばれる生産地ともなった。近世中後期には、佐原の商業・加工業、運送業は一躍して発展、佐原の町並みはたちまちにふくれあがった。この時、佐原はまさしく「三岔口《さんふんこう》」都市としての体制と構造を整えるに至る。

●佐原「町立て」の構造——用水堀の構築

ここまで、近世に佐原が「都市」として殷賑をきわめるにいたった外部的な契機を簡潔に記した。では利根川低地の一村がいかに「町立て」の体制を整えるに至ったかについて触れておきたい。

ただし、その前に「町立て」という言葉を用いるについて、一言ことわっておく必要がある。近世史家の分析概念では、近世の「佐原村」のような村は「在方町《ざいかたまち》」とよばれる。「在方町」とは、商工業がいくら発展していても、「支配」のありようからいえば「村」であったところを指す。江戸・大坂・京都のような三都、および諸藩の城下町、諸藩がとくにみとめて奉行を置いて支配した「町」などとは異なり、あくまで郡奉行・代官支配の「村」に該当する地域集落とそこに居住する集団を指している。だが、ここでは近世史家の「在方町」という分析概念とはことなり、地域集団の生産・消費と生活基盤が「村」がもつ基盤をはるかに超えて、広域の交易・交流基盤をもつに至った場所を「町」あるいは「都市」とみなすという考え方にしたがう。自然的にか意識的にかは別として、一定の商工業生産と消費がなりたつためには、「町」はより

★★上総佐貫から磐城平に入封した譜代内藤氏が江戸への廻米の必要に迫られ、重臣・今村仁兵衛が水戸藩の許可をえてルートを調査、承応元（一六五二）年にはじめて「内川廻し」の輸送路をつくり、以後、伊達藩ほか東北諸藩が利用することとなったという（川名登『河岸に生きる人びと』平凡社、一九八二年）。

★★★銚子湊は当初は避難港として開発されたが、千石船が入る港築と同湊での川舟への積み替えの利便さが高まると、銚子湊経由の「内川廻し」が盛んとなる。仙台藩は承応年中（一六五二〜五四年）には荒野村に蔵屋敷を置いたという。その利便さは、利根本流が佐原側に移ったことでいっそう重要となった。

伊能忠敬旧宅前の「ジャージャー橋」。時間を置いて水を流しているが、元は伊能堀の用水を渡す「樋橋」だった

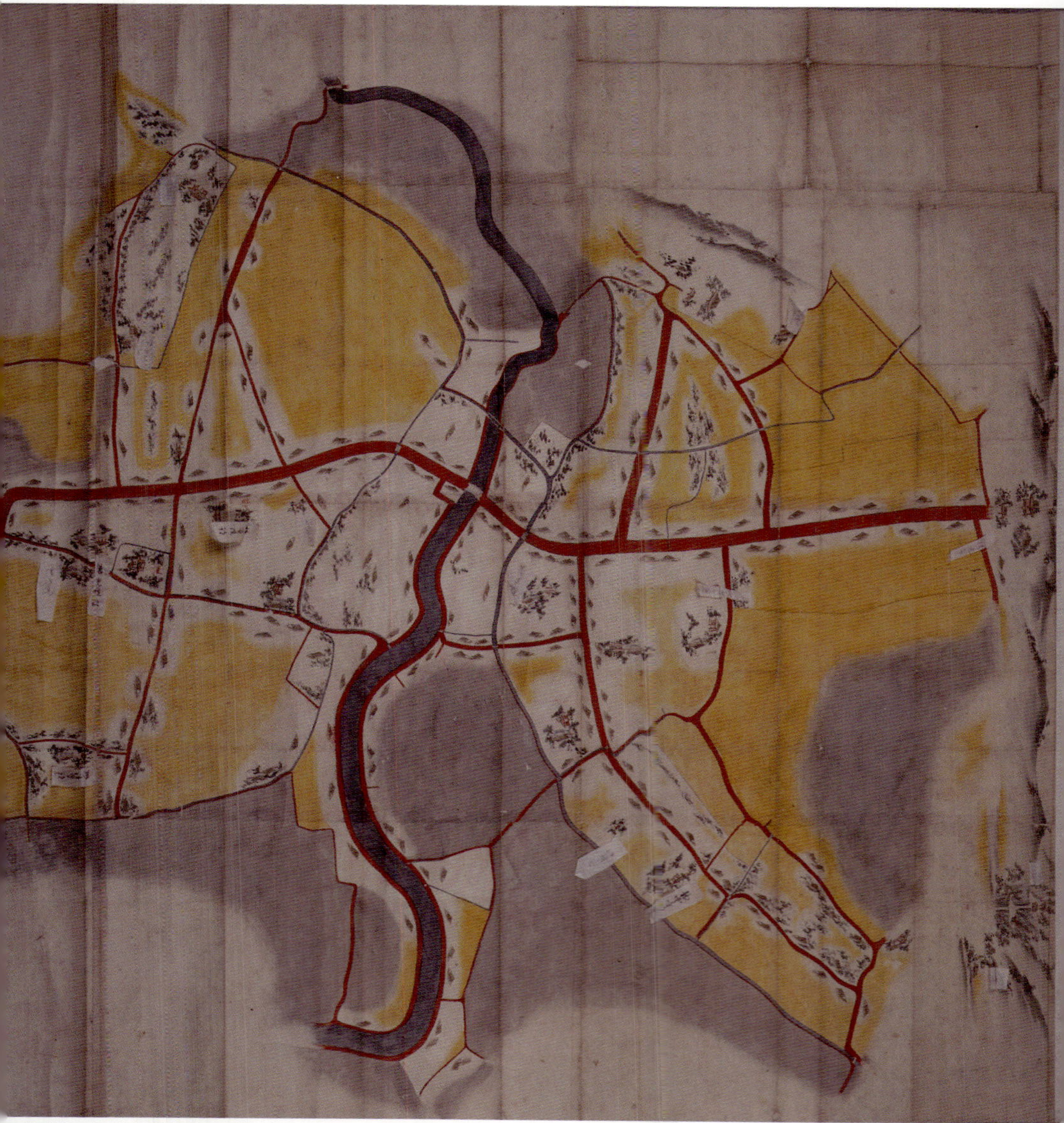

「延享二年（1745）佐原村古絵図」部分、香取市佐原中央図書館蔵　中央の紺色の流れが小野川で、上方が上流。下流は利根川に注いでいる。小野川の右岸（向かって左手）が本宿、左岸（向かって右手）が新宿。中央右手から左に走る大路が香取街道。この絵図で白っぽく見えるところが屋敷地、薄いグレーで描かれた空間は低湿地や寄洲であろう。小野川上流と右手の諏訪台下などの台地下にも低湿地が広がっていた。薄いグレーの筋が用水で本宿と新宿の双方に掘られ、利根川と接する寄洲の水田化が進められた様子がうかがえる。同時に、用水は台地下に滞留する水を排水する機能を果した。この絵図でみると、いちばん左手の一帯にも低湿地があり、本宿には二つの用水が引かれていた様子がうかがえる。香取街道が小野川を渡る橋が「大橋」で、そのすこし上に「樋橋」が見える。「樋橋」を渡った用水は、右端上の上新町付近の台地からとられた用水（馬場堀、途中から馬場酒造に向かう用水道が見える）と合体し、そこから下方右手にくだって関戸、岩ケ崎村へと流れている。

広域の地域との交流を築き、物資の集散と遠隔交易によって町の暮らしを養わなくてならない。こういう基盤が形成された集落・集団を「町（都市）」とみなす。「佐原」はこの視点からみると、自然的な「都市化」の流れから「町」になったというより、きわめて意識的に「町立て」をおこなったとおもえる形跡がある。佐原が「町」として成熟したのは近世後期だが、★「町」を意識的につくりだしたという「町立て」のありようは近世の初頭にまでさかのぼる。

「町立て」のために求められた第一は、「用水堀」の整備であった。今はすでに埋設されてしまったが、かつては本宿・新宿のいずれにも「用水堀（木樋を用いたという）」がはりめぐらされていた。この用水堀のうち、新宿の「下堀通り」という通りの名に残された堀を、地元の人たちは「伊能堀」と呼んできた。

「伊能堀」は、小野川の本宿側上流部から取水し、そこから本宿の伊能三郎右衛門家（本家）の内庭を通り、いま「ジャージャー橋」として親しまれる「樋橋（かってとよはしと呼ばれた）」で小野川を渡り、新宿「新橋本」の伊能茂左衛門家（分家、いま伊能忠敬記念館となっている）の内庭を通って、そこから右折し香取街道を渡っている。街道には用水堀の上に小橋が架けられていた（いま武雄古書店右手の路地から、対面する小堀屋本店別館［旧佐原興業銀行］左手に入るところに小橋があった。「新橋本」と「下分（しもわけ）」のあいだとなるこの付近は、かつて伊能一族の屋敷地であったという 次頁の★参照）。用水堀はここから「銀座通り」に入り、佐原信用金庫横をぬけて「下堀通り（東関戸下通り）」となり、さらに西関戸から佐原村の隣村、岩ケ崎村（現・香取市）まで通じていた。この用水堀は昭和四年に暗渠道路とされてしまった。また、伊能茂左衛門家の用水堀には「樋橋」からの用水だけでなく、上新町付近の台地から流れる「馬場堀」の用水が合流していた。

●新宿の開発と枝村・関戸

「伊能堀」開発の重要さは、近世以前は別の村だった「関戸村」を「佐原村新宿下宿組」と一体化させた象徴的な出来事だったといえるかもしれない。伊能権之丞文書につぎのようなものがある。

〈伊能三郎右衛門家文書〉「…往古矢作領国分大善殿領分之節ハ、佐原村枝村関戸村与申唱民家少々有之候所、天正八年伊能壱岐并ニ金田郷左衛門・小林与五右衛門与申者、佐原村新宿致開基、国分殿江相願為繁昌市場取立候ニ付、其以後ハ関戸民家も新宿之内ニ罷成り候、右古来之場所右新宿諏訪明神新ニ祭礼相企候砌も壱番ニ相定候事」（『佐原山車祭調査報告書』佐原市教育委員会、平成一三年、一六七頁、傍点は筆者）。

伊能壱岐守は国分氏の重臣だったが、佐原本宿に居住した本家・伊能三郎衛門家の初代とされる。矢作城の落城は天正一八（一五九〇）年だから、これに遡る一〇年前に、伊能本家初代が金田氏、小林氏とともに、新宿を開基した、さらに国分氏に願い出て、「六斎市」を立てた。またこのときから、枝村・関戸は佐原村新宿の一つとなったといわれている。また、千葉氏の一族・圓城寺氏も下宿に住し、新宿草分けの一人とされる。この文書にしたがえば、関戸が新宿下宿組に入ったのは天正の頃となるが、ほんとうに一体化したのは、伊能堀が完成した延宝元（一六七二）年頃。伊能権之丞家が関戸農民の年貢請を一手に掌握した頃だったであろう。伊能家による伊能堀開発そのものが、関戸の耕地に対する権利と深くかかわるものだったとおもわれるからだ。

★酒井一輔氏によれば、近世後期の天保七年、本宿・新宿惣町は村役所を介在さず直接に隣村・牧野村との折衝・和解をおこない、のちに村の了解をとりつけているという（「近世後期関東在方町における町規約と構成員」『史学雑誌』第一二三編第三号、平成二六年三月、史学会）。これは法制史家・中田薫が大正九年に「江戸時代に於ける村の人格」（中田薫『法制史論集』第二巻所収、岩波書店）を論じた際、他村に対して自立的な交渉権をもつことを村の法人格の一つの要件としたこととかかわる。佐原の惣町は、幕府による村請制支配の下でも、近世後期には、町衆による統治の実力を備えていたことを示す。

伊能堀の痕跡をたどって佐原旧町を歩いてみるとよくわかるが、用水の引かれた「銀座通り・下堀通り」は、それより上段の千葉銀行佐原支店前の通り「横宿通り・東通り」より低地であり、それより下の土地の多くは水田寄洲だった。この一帯は今でも深く掘ると塩気を含んだ砂地に当たるといわれる。水田を造るには、どうしても新たな川水が不可欠だった。伊能堀の開発により関戸の耕地は大きく広げられた。

いまの東関戸はかつて「中郷」とよばれ、柏屋もなか店の斜め対面にある薬師堂（境内に子育地蔵尊、東関戸の山車蔵がある）には、かつて墓地もあった。このあたりが中郷集落のあったところであろう。薬師堂から下堀通りに下りる段差で、伊能堀が流れる低地が知られる。

西関戸は長い間「居造《いづくり》（居作、伊作とも）」と呼ばれてきた。「居作」とは開発された新田に居を移した集落の意とされる。諏訪神社一の鳥居から神社に向かってすこし進むと、右手に子育地蔵尊の祠があり、今も地蔵講がおこなわれている。この地蔵尊の右手路地に入ると古い墓地があり、墓地の奥には無住の阿弥陀堂が建っている。阿弥陀堂の二階は西関戸の会所で、阿弥陀堂前には皇紀二千六百年（昭和一五［一九四〇］年）の「山車新造記念碑」（山車は昭和一〇年に出来たが、山車人形飾りの完成は昭和一五年だった）も立っている。このあたりが「居造《いづくり》」集落だったとおもわれる。

「伊能堀」の名があてられるとおり、この用水堀は伊能本家と茂左衛門家の内庭を通っており、伊能茂左衛門家や伊能権之丞家、さらには伊能一族の意思なしには開発はありえない。★ 後述するように、下宿組名主となった二代目伊能権之丞信月（久胤）は、関戸の年貢請を一手に負い、関戸に対して大きな力を持っていた。それのみか新宿全体、さらには本宿鎮守の確立にまで重要な役割を果たしている。

★伊能堀が香取街道を渡るところに小橋があり、分町して小野川岸寄りが新橋本、用水道の左手は「下分」となった。街道を渡った用水道の左右に、古くは伊能権之丞家（河岸側）、伊能市郎兵衛家（下分側）の屋敷地があったという（天保耄士「五十年以前の佐原」『佐原の歴史第3号』平成一五年三月、p.87）。

●本宿の用水堀

本宿の用水堀も小野川からの取入口はほぼ同じだが、伊能本家の内庭には入らず、「田宿」からいまの佐原町並み交流館三菱館（旧三菱銀行佐原支店）横で香取街道を渡り（かつては小橋があり「小橋元」とよばれた）「本橋本」と「上仲町」の間の道（お堀、小堀河岸周路、神明山通りなどと呼ばれてきた）を通って、さらに「浜宿」のほうに伸びている。享保七（一七二二）年の絵図では「小堀宿」の名があらわれ、「小堀宿」「浜宿」から「荒久」へと右カーブしながら流れているようにみえる（この右カーブのかたちは今も道路として確認できる）。「延享二（一七四五）年佐原村古絵図（二八頁）」をみると、この用水路は今の中橋付近で小野川に落ちている。当初、これは用水が拡張されたものかとおもったが、そうではなく、使用された悪水を小野川に流す排水路らしい。もう一つ、同じく延享二年の赤松宗旦による「下総国香取郡佐原村分見絵図」をみると、「お堀」をつくる本宿の用水路のほかに「津の宮道」のほうから「牛頭天王社（現・八坂神社）」脇を通って「お堀」の用水に合わさる水路が別にあったことが見え、さらに「延享二年佐原村古絵図」でみると、仁井宿付近にも湿地があり、ここから用水が引かれているさまがわかる。本宿の二つの用水は、微高地である本宿の田畑灌漑の用水路と排水路が新宿よりも古く造られていた様子がみられる。では「お堀」と呼ばれる用水はどのようなものだったのか。享保七年の絵図では「小堀宿」の名があらわれ、ま

★★この湿地帯のもつ重要性を教えてくれたのは、木村礎・高島緑雄編『耕地と集落の歴史―香取社領村落の中世と近世』（文雅堂銀行研究社、昭和四四［一九六九］年、四〇―四五頁）である。同書にはまた、近世初頭に一村の集落が移動して整然とした集落をつくった小野村の詳細な分析があり、興味深い。

た「お堀」の名からも、浜宿組名主・永澤（長澤）次郎右衛門家が堀をめぐらした邸宅に住んでいたこと、「お堀」の用水は永澤家屋敷をとりまく格別の用水路だったことがうかがえる。このあたりは今後の解明が必要だろう。

小野川を渡る香取街道の橋はいま「忠敬橋」とよばれているが、近世には「大橋」、戦前は「協橋」とよんでいた。この大橋の本宿両側は「本橋元」に属し、上流側に伊能本家の屋敷があり、下流側の小道を隔てて堀をめぐらした永澤次郎右衛門家の屋敷があった。小野川沿いの河岸は、絵図では「小堀河岸」と記されている。浜宿組名主・永澤家の屋敷がこのあたりとすれば、「大橋」からすこし下の河岸からは浜宿組に属していたのだろう。

●台地直下の湿地と用水堀

新宿側の「伊能堀」、本宿側の用水堀の開削をみてきたが、この用水開発と深くかかわっているのが、本宿の南東、小野川の周辺にひろがる湿地帯であった。★★ この湿地帯は台地辺縁のすぐ下に広がり、いまは水田等になっているが、一部に沼地が残っている。小野川は、佐原の南東にある小野村から高低差のすくない流路をゆっくりと流れ、本宿の微高地と南側台地の低地だまりに入り、本宿の西側で曲折して北向し、★★★ 利根川に入っている。微高地の起伏をぬけて利根川に入る小野川の流路は、今よりもずっと曲折があったという。大雨が降ると、台地崖下の湧水からの水と小野川の増水があわさり、台地下低地の湿地帯に水が滞留する。さらに増水が高まると、新宿側の低地に水が押し寄せ、家屋や耕地が冠水するようになる。用水堀の開発は、小野川の「河岸」としての整備、耕地用水の確保だけでなく、氾濫する水の制御という点でも求められたのではなかったか。増水する川水を微高地を掘削した用水で誘導し、さらにこれを水の少ない土地にまでうるおす。本宿南側の低湿地の水をいかに誘導するかは、おそらく、佐原の「町立て」にとって重要な課題であり、そのためにも「用水堀」の開発が立てられたのだろう。

●用水堀の成立年

これらからうかがえるように、伊能本家と永澤次郎右衛門家が本宿の用水堀開発に重要な役割を果たした。とりわけ、永澤次郎右衛門家の意向が大きかったであろう。享保七年の絵図、延享二年の絵図は、用水路の開発では本宿、新宿ともに一体化した計画性がうかがえ、この事業が伊能家、永澤家という有力名主一族によって構築されたことを示唆している。

では、佐原村の用水堀はいつできあがったのだろうか。川尻信夫「佐原の町名の成り立ちと古絵図」（『佐原の歴史』第4号、佐原市教育委員会、平成一六年三月）では、伊能三郎右衛門家文書、伊能景利編著『部冊帳』元禄一三（一七〇〇）年の項に、「佐原村用水樋之儀、当二十八年以前ニ新敷拵候節…」とあり、この年より二八年前の寛文一一（一六七一）年に樋橋ができたとすると、その翌年頃に佐原新宿の用水は完成したのではないか、と指摘している。これを踏まえると、寛文一二年前後にできあがった用水堀は享保七年の絵図に示されたものに近かったといえそうだ。寛文一二年は江戸前期であり、佐原村の計画的な用水堀開発は、佐原の町の空間的構造を造りあげたことをあらわし、「佐原の町立て」を象徴する

★★★利根川の堆積が進む以前の中世では、香取海に入る小野川の地先は新宿の中宿付近にあったとの説もある。小野川は今日みるような北に向かう流れを持たなかった。中世文書に伝える「さわらの津」とは今の中宿から浜宿にかけてあったのかもしれない。さらにその東、中世の関戸村に「せきどの津」があった。また、本宿側の仁井宿から八日市場にかけての地先に「いどにわの津」があり、香取海の津で漁や舟運に携わる海夫（あま）に特権を与えた香取大禰宜家が直接に支配する津だったという（小竹森叔江「中世香取海における津の支配―海夫注文の分析から」『武蔵大学日本文化研究』一号、一九八二年）。

できごとだったと、ここでは考えておきたい。

＊村落レベルでの計画的な用水路の開発も近世以前からおこなわれてきた。たとえば、近江の湖西、湖北の集落には各所に中世用水路の痕跡がみられる。一例を湖西、高島市音羽集落でみると、集落は音羽山の麓にある。音羽山は、大和の長谷寺観音像がこの山に示現し、そこから大和まで流れついたという伝承をもち、山上には元長谷寺がある。音羽集落では、この山の豊富な谷水から取水して、村の田のいちばん標高の高いところにまず水をまわし、そこから全ての田に水が満たされるように、一枚一枚、わずかな段差の田を造り、琵琶湖に流す驚くほどみごとな用水路を計画的に構築している。また、かつては全ての農家の水場に引き入れられる水路が、石樋や竹樋をもちいて、村中を立体交差しめぐっていた。このような村の用水路構造は、村立ての際に造られなければありえない精緻さをもっている。

湖北では、複数の村をめぐる用水で、最近まで「水争い」の儀礼を残すところがあった。用水をいかに造り、かつ相互に利するための構築と慣習の法は、村立ての大切な条件であった。

こうした村立ての中から中世都市の姿を立ちあらわしたのが、湖北の菅浦であろう。「村立て」から「町立て」にいたるには、もう一つ外部との交通での要衝となる条件が必要であった。

●旗本知行支配による分郷と、町衆による町立て

江戸の町の構造を造りあげたのは、為政者である徳川幕府の意向による。もちろん、その後の発展は町衆の力が大きかったが、構造を造りあげたのは幕府だった。しかし、佐原の町の構造を計画的につくったのは、為政者ではなかった。伊能・永澤両家を中心とする地場の有力町衆が造りあげた。佐原村は幕府の蔵入地に属し、当初は代官・中野七蔵の支配だったが、慶長一三（一六〇八）年、四人の旗本に分割して給分とされ、この支配が元文四（一七三九）年まで続いた。その後は、ふたたび幕府直轄の代官支配の時期をへて、近世後期、旗本・津田日向守信之のほぼ一元的な支配となり、幕末には佐倉藩の支配となる。仁井宿だけは佐倉領になる時期があるなど、変動が多いが、四人の旗本による分郷支配がはじめに長く続いたこと、この時期に町が発展したことを踏まえれば、第二の契機として、一元支配のなさ（このような旗本支配地の形態は「相給《あいきゅう》」「分郷《ぶんごう》」と呼ばれる）が町衆独自の町立て構想を推し進めたといえるだろう。

旗本知行地では、地元には支配役所がなく、直接の強い支配を受けなかった。各組名主・組頭・百姓代の村方三役が政事《まつりごと》を束ね、年番名主（または惣名主）が各組名主の代表として事にあたった。「組」は仁井宿（新井宿）組、本宿組、浜宿組、下宿組、上宿組の五組。この五組の起源には、「佐原新田」の寄洲開発をおこなった四組（七之丞組＝上宿組、茂左衛門組＝下宿組、次郎右衛門組＝浜宿組、三郎右衛門組＝本宿組）の存在がある。幕府代官の直轄支配だった新嶋領内の「新田」に佐原の有力村衆が進出する際、四組から名主が出されて、四年ごとに「年番名主」が隣番で決められ「御公用」に当たった。この四組にのちに仁井宿（新井宿）組が加わって五組となったが、これらの組の形成が旗本領の分郷支配より古く、むしろ分郷の原因ともなった。このことが、後々まで旗本による分郷支配を超えて、佐原村としての結束を生み出す根拠となる。現在の区分でいうと、五組のうちの三組が八坂社を鎮守とする「本宿惣町」、二組が諏訪社を鎮守とする「新宿惣町」となる。

佐原村の旗本支配は、つぎのようなものだった＊（なお、ここに記す各組の名主は、近世中期のもの）。

★永澤家の存続を心配した伊能三郎右衛門景利が永澤次郎右衛門（江戸に出奔して神崎新助を名乗る）の娘・おてうに景利の第三子を婿に入れ、永澤仁右衛門景壽として七代目を継がせた。伊能三郎右衛門家の十代・忠敬の頃には、永澤家は忠敬に対抗する豪家としての力を復活させていた。ただし、景壽が正徳三年にただちに浜宿組名主に復帰したかについては、香取五郎氏の著作によれば、すこし異なるかもしれない。権之丞景胤の後をついだ権之丞家の四代智胤心殿が浜宿名主または本宿惣名主でありつづけ、享保十九（一七三四）年に到っても本宿の名主を勤めていたとも考えられる。

本宿惣町　**仁井宿組**　領主・青山大内蔵　名主・久左衛門
　本宿組　領主・天方主馬　名主・伊能三郎右衛門
　浜宿組　領主・奥津内記　名主・永澤次郎右衛門
　〈天和三（一六八三）年〉　名主・永澤次郎右衛門
　出奔、のち牢死
　〈元禄一六（一七〇三）年より〉　名主・伊能権之丞景胤
　〈正徳三（一七一三）年〉　名主・永澤仁右衛門
　名主復帰★

新宿惣町　**下宿組**　領主・奥津内記　名主・伊能茂左衛門
　〈延宝六（一六七八）年より〉　名主・伊能権之丞
　〈宝永四（一七〇七）年〉　伊能茂左衛門、閉門
　上宿組　領主・近藤十兵衛　名主・林七右衛門

＊佐原村は、慶長一三（一六〇八）年、近藤十兵衛（上宿組）、興津内記（下宿・浜宿組）、天方（元の姓は青山）主馬（本宿組）、青山大内蔵（仁井宿組）の支配にあり、宝永七（一七一〇）年の記録には、興津左京（名主・権之丞）、近藤十兵衛（名主・七右衛門・久左衛門）、天方主馬（名主・三郎右衛門）の知行地とあるから大方に変わりはない。元文四（一七三九）年には天領となり、安永六（一七七七）年、津田日向守信之の知行所となり地頭所が置かれ、以後、旗本・津田氏の支配が続いた。佐原村の各組名主は地頭所に対して持ちまわりの「年番」制で対処したが、この「年番」制が山車引き廻しの「年番制」の元にもなっている。なお、新嶋領の佐原新田は、後に佐原村の本田とは別に名主が立てられた。

仁井宿は、佐原村の東端で香取神宮に近い宿。佐原村のほかの地区とは異なり、支配も転変してきた。町立てにあたっての結束からいえば、本宿組、浜宿組、下宿組の相互関係、および内部にある各地区との関係、さらに上宿組との関係をいかに調整するかが重要となる。本宿組と下宿組は両伊能家が代々名主を努めてきたから、浜宿組の永澤次郎右衛門家との調整がとりわけ重要な課題でありつづけた。ところが、天和三（一六八三）年、永澤家六代俊賢が浜宿組名主を辞任して江戸に出奔し、のちに牢死する。永澤家は伊能家の協力をえてのちに復活するが、永澤家の失墜をおぎなうため、下宿組名主となっていた二代目伊能権之丞久胤が、同じ奥津内記支配の浜宿組の面倒を見ることとなり、元禄一六（一七〇三）年には、三代目伊能権之丞景胤が下宿組名主と浜宿組名主を兼務する。奥津内記の支配が浜宿組と下宿組という本宿・新宿の双方にまたがっていたことで、権之丞家による佐原町衆にたいする、まことに独自な統治のかたちが形成された。

旗本領主は分割されていたから、佐原の「町造り」に十分な寄与はなしえない。この分郷の状況をいわば手玉にとって佐原の「町づくり」の中心となったのが二代・三代・四代の伊能権之丞家★★（伊能茂左衛門家の分家）であり、本家の伊能三郎衛門家と、分家の伊能茂左衛門家であった。佐原の町の展開に独自な色彩を与えたのは、こうした政治支配とは異なる有力町衆による権力構造であった。

●自然村の祭祀と、惣町鎮守の祭祀

「町立て」の構造をつくる第三の契機は、本宿・新宿の双分的な町形成に合わせて、それぞれの「鎮守」を創り出したことにあった。それまで自然村の域を出なかった各宿、各集落にはそれぞれに祭祀するいくつもの社祠があり、その影響力は各宿、各集落を超えていたばあいでも、これらの宿、集落での信仰を画然と超える格

★★伊能権之丞家の初代茂助は伊能茂左衛門家四代宗昧の二男。茂助には子が無く、三代目伊能茂左衛門寿永の二女を貰い、大寺村の八木権之丞を婿養子に迎え、二代目伊能権之丞久胤とした。その子である三代目景胤は、水戸の加藤又右衛門の娘を妻としたが、この娘は水戸侯光圀の実子だったとみられる。

式を備えているわけではなかった。「鎮守」の形成は、決して自然的なものではなく、「用水堀」と同じように「計画的な」創出であったことがうかがえる。「鎮守」が計画的である以上、「鎮守の祭り」もまた、自生村レベルの「祭り」を超えるものが求められた。とはいえ、「鎮守」祭祀と「鎮守の祭り」とは、それ以前の自然村レベルの祭祀と祭りの上に、これを整理しつつ乗ったのであり、祭祀と祭りの無意識で自然な基盤がなければ、住民の納得はえがたい。この無意識な信を基盤に「町立て」をおこない、そこに住民の一つとなる祭祀と祭りを据えることが求められたであろう。

のちに度々触れることになるが、本宿の鎮守となる「祇園牛頭天王」の祭祀は、佐原村に二つあった。また、新宿の鎮守となる「諏訪明神」も佐原村に二つあったのかもしれない。後者は、記録の相互が食い違っているために、あくまで可能性にとどまるが、こういうことがありえたかもしれないことを踏まえておきたい。

近世初頭には、多数の寺院とともに、神仏混淆《こんこう》のために、寺院とかかわる多数の社祠も祀られていた。江戸幕府は、これらの社寺を統制下におくため、由緒を認める社寺以外を廃する寺社整理策を打ち出した。寛文五（一六六五）年、幕府は「神主禰宜法度」により吉田神道を公式に採用し、京の吉田家の認可を受けてはじめて神主・禰宜の資格をえるものとしているが、同じ年に「諸宗寺院法度」を出し、寺院と僧に対する取締りをも強化している。そして村の社祠に対しては、「一村一鎮守」とする鎮守政策が登場する。これを最も徹底しておこなったのが水戸藩主二代徳川光圀といわれる。光圀がこの政策に取りかかったのが寛文三（一六六三）年で、水戸藩では数多くの社寺が廃止統合されている。村の「鎮守」制度が全国に定着するに至ったのは一八世紀に入ってからだが、光圀の鎮守政策は、常陸・水戸藩からそう遠くはない旗本領の佐原にも影響を与えたとみられる証跡がある。それは徳川光圀と伊能権之丞家との間に、隠された姻戚関係のあったことが明らかになっているからだ。

元禄一一（一六九八）年、水戸侯光圀は飯高檀林（日蓮宗の寺院）参詣の際、伊能権之丞宅を旅宿として二一日間「御止宿」したことが、大根・平山卓爾文書「水戸黄門様飯高檀林御参詣記」に記されている（『佐原市史』昭和四一年、四〇六頁）。また、牛堀町・須田誠太郎文書のうちに、天保《てんぽう》五（一八三四）年、伊能権之丞権太郎が記した「御国御吟味御役所ゟ南郷郡御役所江御頼合之節控書」があり、その中に「義公様御召仕女中御城下町年寄加藤又右衛門妻に被下置候其後出生之女子おさつと申則曽祖父権之丞妻に御座候義公様私宅江被為成候節者右おさつ儀別段献上物仕御側江被召出候而□御懇命候事」（同『佐原市史』四〇八頁）と記されている。小出皓一氏の調査では、光圀は三度、伊能権之丞宅を訪れていることが確認できるという。

ここに記される権之丞は、「三代目権之丞景胤」であり、元禄一一年にはじつに二一日間のあいだ止宿していたというのだから、権之丞の嫁「おさつ」は、光圀の実の娘だったとされるのは妥当であろう。この頃、三代目権之丞景胤の子、光圀にとっては孫にあたる四代目権之丞智胤（法号・心殿）はすでに生まれていたとおもわれる。★ 滞在中、佐原村の鎮守政策について義公の意見が参酌されなかったとは言いがたい。権之丞家の二代、三代、四代は本

★三代目伊能権之丞景胤（真乗）は享保一六（一七三一）年没、六五歳。四代目伊能権之丞知胤（心殿）は寛延二（一七四九）年没。知胤の生年は不明だが、光圀が権之丞家に滞在したのは心殿が生まれたこととかかわるものだろう。

宿・新宿の鎮守確立に並々ならぬ力を行使しているが、その背景には光圀の構想と権威があった。そうでなければ、権之丞家のかくべつな町衆統治の力の根源を見出しがたい。佐原村本宿・新宿という双分的な町立てに合わせた「鎮守」の確立は、自然村からおのずから生まれた祭祀ではなく、それまでの祭祀を背景に保持しつつ、画然とした計画的意志のもとに創出された。しかもそれは、旗本知行の支配によってではなく、あくまで有力町衆の一つにすぎなかった伊能権之丞家の構想によって創出されたものだった。権之丞家は町衆の中では格別な権力を備えたが、領主が平時を超える年貢や献上金を領民に求めたり、町衆の祭りに介入したときには、町衆の側に立って事にあたらざるをえなかった。ここに佐原町衆の自治的な「町立て」のかたちが生まれた。

●出水・洪水と町衆の結集

第四の契機。佐原の町立てには大切なものがある。それは、くりかえされる出水・洪水である。それまで上州（上野《こうずけ》）の川を集めた利根川は江戸湾に流れていたが、赤堀川の開削などにより常陸川の水路に遷され、野州（下野《しもつけ》）・常州（常陸《ひたち》）の鬼怒川、小貝川と合流して銚子を河口とするようになると、関東山地・平地に降り利根川に流入する雨水量はかくだんに多量となった。梅雨期とこれに続く台風の到来による大雨のため、利根の中流域から下流域はたえざる氾濫の危機に陥った。氾濫を防ぐために、中流域で流路を直線化し堤防を強化すると、上流域の降雨が下流域にいっきょに到達するようになる。江戸中期以後はこの状態がはげしくなり、たちまち佐原にまで大水が押し寄せるようになった。これについて、国土庁河川局関係のホームページには次のように記している。

「江戸中期、河川工法の変化により、利根川は連続堤防で固定され、より直線化されることになる。この結果、利根川上流の大雨が佐原周辺に流れ着くのに五日かかったものが、二日となってしまった。以前は、大雨に見舞われても利根川の水位が上がる前に、佐原周辺の支流は利根川へ排水していた。

ところが、この河川改修により、大雨とほぼ同時に利根川の水位が上昇し、佐原周辺の川に逆流するようになったのである。大雨に加え、本流からの逆流が支流にあふれ、農地に大被害をもたらすという事態が三年に一度、繰り返されることになっていった。

自治は、港の機能を守る豪商の利益が優先され、排水に苦しむ農民の主張は軽視され続けたのである。」

利根川東遷は、地域の地政的地位をいっきょに高め、寄洲をはじめとする新田開発を可能にしたが、いっぽうで出水・洪水の危機を高めたのは事実であった。幕府は佐原周辺でも「堤防強化」のため、佐原の町衆を動員するなど築堤事業を進めているが、これが逆に利根川の水位をたかめ、支流に逆流して佐原周辺の低地田や集落を水浸しにすることがあった。この逆流を防ぐには、利根川と支流の間に水門を造る工事を必要とし、小野川では大正八年にようやく実現する（小野川橋、跳開式で逆水門扉を備える）。

引用最後の段には「自治は、港の機能を守る豪商の利益が優先され、排水に苦しむ農民の主張は軽視され続けたのである」と書

かつての伊能忠敬旧宅と樋橋

いているが、果してこれが妥当な見解かどうかはわからない。戦後の両総用水の開削や水門構築を前提として遡った見解ではないのか。河岸機能の保全は豪商だけでなくそこで働く町衆にとって不可欠であり、町衆の暮らしを支える要《かなめ》であったろう。くりかえされる出水や洪水に対処する仕方は、耕地や集落地が冠水しても、この水をいちはやく吐き出させるという方法もあった。

たとえば、小野川沿いの伝統家屋の一つ「木の下旅館」の主人と「出水」の話をしていたとき、町家の構造にも「排水」への配慮があるとはじめて知った。木の下旅館裏手に井戸がある。洪水時になると、そこから出水し傾斜に沿って水が棟屋にどっと流れこんできた。ところが、水は床下を流れ、店の入口にある板の間と土間のあいだに張られた敷居板の隙間を通って土間に流れこみ、そのまま通りを越えて小野川に流れていった。一階の床はすこしも水に浸されなかった。改めて、水をうまく流すような家屋の造りになっていたことを知った、という。★水郷低地に暮らす町屋の家屋では、「出水」への備えを暗黙の仕組みとするかたちが造られてきたのではないか。出水の「水吐け」の智慧については、これまであまり注目されてこなかったかもしれないが、町屋の構造のうちにもこのような工夫が見て取れる。「町立て」の視点から、出水・洪水の危機への対処を考えると、この事態が町衆の結束を強固なものにした、という面をこそ重視すべきではなかろうか。

近世、利根川の洪水では、寛永元（一六二四）年、宝永元（一七〇四）年、享保一三（一七二八）年、寛保二（一七四二）年、宝暦七（一七五七）年、天明三（一七八三）年、天明六（一七八六）年、弘化三（一八四六）年などが知られているが、最大級とよばれるのは寛保二年の大洪水、これと並ぶのが天明六（一七八六）年の大洪水である。後者の洪水は季節的な大雨というだけでなく、天明三（一七八三）年の浅間山の大爆発の結果、広範囲に降った火山灰により川床が埋められ、同年の洪水となったばかりか、三年後の大洪水の原因ともなった。この洪水によって大飢饉が発生したのである。洪水は広大な田畑をさらい、農民は収穫をえられず、暮らしの手立てを失ってしまった。

本宿名主・伊能忠敬は、天明五年、上方から大量の米をいち早く買い付けており、村民から近郷近在の村にまで安く売るとともに、壊された水田や堤の修復に人々を動員して、そこで働く人たちに手間賃を払い、食料をえる手立てを提供した。翌天明七年秋、上方か

★木の下旅館に確認をしたところ、「出水の件ですが、私共の他にも川沿いの古い家屋の何軒かは同じ構造になっているそうです」「亡くなった父から聞いた事ですが、床下は玉石と丸太の取りつけになっている。その隙間を水が通って小野川へ流れこむようになる仕組みだそうです」と回答いただきました。

ら買い付けた米は、江戸の米相場が高騰したところで売ったため、損失もなかったという。「佐原の民は一人たりとも餓死者を出さない」という豪家による、このような洪水、飢饉への対処は永澤家にもみられ、襲いかかる外部の自然への対処はまた、町衆の結束を造り出す重要な要素となってきたことを見失うわけにはいかない。

●町衆が継承し続けた、中世にはじまる「惣」の観念と力

さらにもう一つ。第五の契機として、佐原町衆の結束の観念には、中世にはじまったとされる「惣」の観念が現在もなお生きていることがあげられる。たとえば、祭礼をおこなうのに先立つ「惣町八朔参会」「惣町幣台当役会議」といった会合がおこなわれる。ここでつかわれる「そうちょう」という言葉を聞いて、最初は「そう」は「総」だろうと考えた。しかし、「惣町」だという。都市の祭り組織の名に「惣」の字の残る「寄合」は、調べてみても幾つかしか見当たらない。この言葉が歴史上に使われたのは中世である。「惣村」という村の自治組織の名は、中世史を学ぶ者にとってはもっとも基礎的な言葉だろう。「惣一揆（土一揆）」という言葉もある。で

本宿・祇園祭「総町参会」。神輿年番・巡行に続き、山車年番・巡行を決める

新宿・佐原の大祭「惣町幣台当役会議」

新宿・佐原の大祭「八朔参会」。諏訪神社巡幸祭の神事と神輿巡幸をきめる

はなぜ佐原に「惣町」という言葉が残り続けてきたのか。

佐原本宿・新宿の鎮守祭礼が形成されはじめた江戸期のちょうど同じ頃、霞ヶ浦四十八津、北浦四十四津による「惣津」の会合というものがあった（網野善彦「常陸・下総の海民」『日本中世の非農業民と天皇』岩波書店、一九八四年）。たとえば、霞ヶ浦四十八津の「惣津」は慶安三（一六五〇）年七月晦日に開かれ、北浦四十四津の「惣津」は、元禄六（一六九三）年六月一六日に開かれ、連判議定がなされている。この「惣津」では一帯の湖水と河川で漁をおこなう漁家の代表である各津の「津頭」が一同に会して、漁にかかわる全ての取り決めをおこなった。霞ヶ浦、北浦の入会漁は、中世以来、惣津の海夫たちが香取社大禰宜に供祭料を貢進することにより、各津を支配する領主権力の手のとどかないところにあったといわれる。この「惣津」の特権的な力は江戸初期から中期以降になるにしたがって、各津が領主権力との妥協をはかるようになってしだいに弱まっていくが、惣津の観念は江戸の終わりまで生き続けてきた。漁家の代表となる「津頭」といった人たちは、「家風」とよばれ

本宿・八坂神社境内。円陣をつくって新・年番町が引継ぎを受ける

本宿・八坂神社境内。山車町の年番引継ぎに参加する各町区長

新宿山車乱曳。山車同士が出会ったとき、どちらが先に通るかを決める当役交渉

小野川下流、船戸地区での「通しさんぎり」の年番触れ

る家もちの下人を何軒も持ち、家族と下男、下女をあわせると数十人を抱える豪家があったといわれ、町衆のうちに豪家があったのと同じ規模にも達していた。このような「津頭」の会合であった「惣津」が、町場の「惣町」会合と同じ時代に隣りあわせていたことを見失うわけにはいかない。

「惣津」が各津の領主からの支配を超えた「議定」の下で霞ヶ浦、北浦、香取海一帯の湖川漁撈を掌握していたことは、佐原村の領主支配が「相給」によって分断されているなかで、とりわけ「鎮守祭礼」では複数の領主支配を超えた統治をおこなう「惣町」が

小野川下流、船戸地区での「通しさんぎり」の年番触れ

成り立ちえたこととほぼ等しいのではなかろうか。領主支配に従わざるをえないことについては従うが、度を超えた要求や町衆の活動のもっとも大切な場所である祭礼や用水管理、災害に対する惣町の動員、「町民」の窮乏その他の町の諸事にかんする会合と議定では、各領主の介入を許さないという意気こそが「惣」という言葉に籠められた力であったろう。「惣」は町衆の自立的な力をあらわす大切な言葉であった。

なお、中世の「惣村」を治めたのは、「乙名《おとな》」（あるいは、長老・宿老・老中・年寄）と呼ばれた有力層だったが、その活動を実体的に支えたのは「乙名」のもとにあった「中老」や「若衆」であり、「所の参会」（「参会」という言葉も中世にさかのぼる）では、「中老」「若衆」の賛同と協力なしには「惣」の力は発揮しえなかった。

佐原の「惣町」でも、祭りに用いる襷の色は、区長（白）、古役（緑）、当役（赤）、役員（黄または水色）とされ、その下に若衆がいて、年齢階梯的な活動の体制がつくられてきた。このような佐原の「惣」の伝統は、佐原の「町づくり」がおこなわれた近世初頭にはじまっており、それはさらに中世の「惣村」、複数の「惣村」が結合した「惣郷」の観念にまでさかのぼるものかもしれない。

●茫々としたうみ・寄洲から立ち上がるもの

最後に、佐原の山車祭りの背景について、もう一つ触れておかなければならない。古代からの名神大社には二つの地勢的位置が見られる。一つは背後に神山を置くかたちだ。大和の三輪神社のように、背後に神の山があり、本来はこの山こそがご神体あるいは神の坐ますところだった。この神の山からみはるかす平地が、民の暮らす場所だった。

二つは、神山があるだけでなく、海に面した社が多いことだ。出雲大社しかり、伊勢神宮も海から隔たるとはいえ、伊勢の海をみつめている。熱田神宮しかり。そして、東国三社といわれる鹿島神宮、香取神宮、息栖《いきす》神社の三社はいずれも、茫々とした海・湖水・川を見据えるこの地の丘陵地上に位置している。しかも、ふしぎなことに三つの名神大社が集まっていることは、古代に並ならぬ関心がこの地に寄せられていたことを示している。この地は「鹿島立ち」という言葉があるように、大和朝廷の東国・奥州経営の要だったのであり、奥州鎮守の始発するところだった。

奥州制圧という軍事の視線をはずしていえば、この地に神々が示現したこと、茫々とした水土の風光の中に、人の営みが立てられた始発の風光が神話となってここに古くから立てられていた、と見るほうがよいかもしれない。

佐原の有力な町衆からは、家業と町の経営に抜きん出た多くの当主を輩出したが、中には経営よりは文人として名をなした人たちもいた。代々、下宿組の名主をつとめた伊能茂左衛門家の七代目・景良は、その頃名主として下宿組をまとめていた権之丞家に組の経営をゆだね、隠退して楫取魚彦《かとりなひこ》★と号した。江戸に住して、建部綾足に歌と画を、賀茂真淵について古語を学び、その高弟として古語の仮名遣いをまとめた『古言梯』を編纂、出版。さらに、真淵は佐原の伊能家に滞留している。その魚彦《なひこ》の歌には、香取の海を万葉古代の風光としてみつめたものがみられる。水墨淡彩画「猩猩図《しょうじょう》」には、瀧壺の水に身を浸した羅漢か河童のような人

★楫取魚彦は本名・伊能景良（享保八〔一七二三〕年～天明二〔一七八二〕年）。伊能本家当主として務めたのち、隠居して江戸にあり、賀茂真淵の高弟として古語を研究、『古言梯』を編纂・刊行した。また、万葉調の歌人、俳人、画家としても知られた。岩澤和夫編著『楫取魚彦資料集』（たけしま出版）がある。

香取神宮神幸祭。香取神宮がいかに「うみの民」の信仰を集めていたかをよく示す利根川での神幸祭、津の宮鳥居河岸、1960年代

物の猩猩が描かれている。自然と異貌の獣人がまじわるところに、初原の人の営みを見据えていたのだろう。

佐原の大人形飾り山車では、夏、秋の祭りごとに、各町で久しく眠っていた大人形首が胴の上に据えられ、町々を流しながら、人々の直上に舞い立つ。それは、始原《はじまり》の神人《かみひと》の営みが立ち上がる風光を示しているのではないか。しかも、そこには人像の神だけでなく、鯉の神、鷹の神もまた舞う。町衆たちの魂は、そこで初原の風光に接してたちあがるのであり、それはまた、人と人が結び親しみあう町の営みを年ごとに確認する悦びのときでもあった。町衆には「祭り」がなければならなかった。祭りによってはじめて、各町の利害、個人相互の利害を超えて、人ごとの暮らしを認めあいながら、共に暮らす町が「立ち上がる」。その立ち姿が祭りのかたちである。

佐原の大人形飾り山車の巡行を見ていくと、そのかたちをつくる背景がすこしずつ見えてくる。

●「佐原の大祭」は町衆の祭り

ここまで佐原の「町立て」と「祭り」の奥行きについて記してきたが、これらを以下のようにまとめてみる。

【外部】……………………【内部】

①うみと丘と寄洲……開発と神々の到来……初原の活動感覚
②利根川東遷……地政的視線の遠近……「三岔口《さんぶんこう》」都市
③重なる洪水・出水……動員と受容……「惣町」の結集
④旗本支配の分割……有力町衆の統治……「惣町」の自治
⑤利根川低地……空間的布置……用水堀構築

⑥自生村の祭祀………一村一鎮守政策………「惣町」鎮守の創設
⑦自生村の祭礼………鎮守・惣町の祭礼……各町山車祭りの創造
⑧《自然性》←→〈巻軸〉→〈車輪の如く〉→《対向的律動》

ここには、まだ触れていない言葉も、すこし含まれている。⑧には佐原の山車祭り文化を町衆みずからが形容した、とてもユニークな言葉を掲げておいた。「対向的律動」と記したのは、「巻軸」「車輪の如く」という祭り文書の用語に触発されて思いついた言葉であろう。佐原の「町立て」と町衆自治の視点から、佐原の大人形飾り山車祭りをみるとき、各地にあまたある屋台・山車祭りの中でも、際立ってくっきりした初原の感覚と対向的律動をもつ祭りのかたちが創造されてきた。

●町衆による祭りはアジアでは日本しかない

興味深いことだが、アジア各国の祭りをみると、村落のレベルあるいは民族集団レベルの祭礼はいくらでもあり、多彩な特質をもつ祭祀や祭り文化がみられる。★しかし、都市をつくる各地区の町衆が祭りを組織し競いあう「祭り」となると、日本以外のアジアでは今のところ見当たらない。ヨーロッパには各都市ごとの祭りが数多くある。しかし、それらは都市ごとに建てられた教会の守護聖人を祀る祭りで、都市内各地区の町衆が競合しつつ祭礼をおこなう事例は、スペインの世界無形文化遺産カステイ（Castell,人間の塔）など、数えられる程度であろう。

佐原の祭りは、町立て、町の構造の創出、祭祀など、すべてが町衆の手になり、そこから個性的な祭り文化のかたちが生まれた。鎮守の祭りの特質とその表現は「町立て」の構造と切離せない奥行きをもっている。こうした背景を踏まえ、自生村レベルの祭祀と祭りが、いかに計画的な町立てによる「祭祀」と「祭り」の表現へと転換し、町衆自身が担い、楽しむ文化へと到達したか、これから本宿・夏祭りと新宿・秋祭りの内側に入っていきたい。

山車綱をとって曳く幼い子どもたち。この頃から祭りを習う

★アジアの「山車文化」、とくに舟山車がもつ宇宙的想像力、その多彩な魅力については、杉浦康平氏の企画・構成、齊木崇人・監修の『この世とあの世を結ぶもの　霊獣が運ぶ　アジアの山車』（工作舎、二〇一六年七月）を参照されたい。ここには「聖なるもの」を掲げる共同社会の生命・生死観が描き出されている。

8 本宿鎮守成立の謎――神座の交換と交代

●二つの「牛頭天王神」祭祀があった

「町立ての構造」で、自生村の鎮守的な祭祀と意図性の高い町の鎮守祭祀とは異なることを記しておいた。町衆の祭礼の核となる鎮守の祭祀が佐原でどのように創られたかは、現在の「佐原の大祭」の根底をつくっているものだ。本宿の八坂神社祭礼と新宿の諏訪神社祭礼という二つの祭礼が、夏と秋に対称的におこなわれている。このかたちがどうして出来たかは、二つの宿の町衆の意識の底にある「鎮守」の成立と深くかかわる。

ところが、現在のすがたからはほとんど見えないものだが、神の祭祀をめぐるいくつもの「企み」がそこにあった。この「企み」のうち、いちばん不思議なのは、本宿の鎮守となった「牛頭天王宮」の祭祀は、元は二つの社祠の祭祀だったことだ。

以下の記すように、本宿の八日市場には「市神牛頭天王《いちがみごずてんのう》」の社祠があったが、もう一つ、新宿「新宿天王臺」にも「牛頭天王宮」があった。佐原村の祇園祭といえば、近世初頭にはむしろ後者の祭礼のほうがよく知られていたらしい。言いかえれば、後者が自生村の鎮守的な祭祀の性格をもっていた。ところが、後者の社祠が前者の社祠と交替して本宿の鎮守に収まる。

なぜこのようなことがおこったかの力動を考えながら、まず、本宿・八坂神社祭礼の由来をたどってみよう。

●八日市場の「市神天王」

「本宿（惣町）」はその名のとおり香取神宮に通ずる街道の宿で、「香取のうみ」とも呼ばれてきた水郷の津と宿と市をもつ集落として生まれた。「佐原」の地名は鎌倉時代の建保六（一二一八）年の香取文書にはじめてあらわれ、南北朝、応安年中の同文書に「さはらの津、いどにはの津、せきどの津」とあり、嘉慶二年（一三八八）の同文書に「さ原八日市場牛頭天王ノ東北」などとあることから、当時、「八日市場」あたりに「さはらの津」、仁井宿あたりに「いどには（いどにわ）の津」、関戸あたりに「せきどの津」があり、また、八日市場に牛頭天王《ごずてんのう》が祀られていたことがわかる。『佐原本宿、牛頭天王の御由緒』（伊能三郎右衛門家文書）記載の、永正元（一五〇四）年六月八日の棟札に「勧請市神天王《いちがみてんのう》」（別当、勝城院）とあり、牛頭天王は室町時代、すでに八日市場の「市神」として祀られ、「市神」を中心に二日と八日の六斎市《ろくさいいち》が開かれていた。

●「新宿天王臺」の「牛頭天王宮」

近世に入ると、本宿の牛頭天王＝市神天王社はその祭祀権をめぐり大きな変動が生じる。その経緯を以下にたどってみる。

寛永一四（一六三七）年、本宿組名主・伊能三郎右衛門が地所を購入、浜宿組名主・永澤次郎右衛門が神社建築費を負担して「天王宮」（別当、証城院）が改めて建立される。

これにつづいて、伊能権之丞家文書には、天和三（一六八三）年、「新宿天王臺」から浜宿へ「牛頭天王」を勧請したことが記され、里方として新宿惣代・伊能茂左衛門（伊能分家＝茂左衛門家）、権之丞（伊能茂左衛門家分家＝権之丞家）両人、貰方として本宿惣代・長澤（永澤）次郎右衛門、伊能三郎右衛門（伊能本家＝三郎右衛門家、十代目が伊能忠敬）の名が記されている。「新宿天王臺」とはいま諏訪神社の奥社に

いまは諏訪神社奥社地とされる天王宮にある八坂神社奥宮（旧・牛頭天王宮）

あたる地（字・天王宮）でそこには「八坂神社奥宮」と称する小祠があり、祭礼に先立って本宿の役員が参拝する。諏訪山はおそらく、諏訪大明神が鎮座するより以前から、佐原の人たちの営みを眼下にみおろす「神の山」であった。神の山にあった社が、「市神」ではなく、本宿の鎮守として新たに招請された。「市神」と「本宿鎮守」の違いは、のちにはっきりとした争いを孕むものでもあった。それは、勧請された地が浜宿と記されていることにもあらわれている。

この勧請に際して、浜宿にあった伊能市郎兵衛の畑を伊能・永澤両家が新たに買い取り、天王宮が再度建立された。本・社殿は現在とは異なって西向きに建てられ、入口は永澤（長澤）家屋敷の方角を向いていた。この時の棟札には「牛頭天王宮」とあり、導師・本寺の惣持院、別当・清浄院の名がはじめて登場する。八日市場の市神だった天王社は新たな天王神の勧請によって、浜宿側を向くかたちで造られ、やがて本宿惣町の惣鎮守となるかたちが取られたのである。浜宿組名主は伊能家と並ぶ豪家・永澤（長澤）家であり、本宿組と新宿・下宿組双方の名主を務めていた伊能一族が一致して永澤家と協調し、伊能・永澤両家が本宿惣町を束ねることが求められたのであろう。★ ここからわかるとおり、佐原村には、「天王」の名をもつ社祠が少なくとも二つあった。

①八日市場の「市神天王」

②「新宿天王臺」の「牛頭天王宮」

この二つの「天王神」は全く別個にあったものか、それとも元々関わり深いものだったかについては異なった伝承があるようだ。

●牛頭天王神の漂着伝承

〈伝承一〉②の「新宿天王臺」にあった「牛頭天王」神は、「新宿ノ口碑ニ天王ノ神体ワ昔字道生ヘ流シ寄シヲ上宿台ヘ祭ト云々」（「伊能茂左衛門家文書」明治・佐原年表『佐原山車祭調査報告書』、佐原市教育委員会、一七六頁）とあり、これは栗橋の八坂社と同じく、「天王神」が漂着神だったことを語っている。「道生」というのは、新宿「下川岸」の入船橋付近を指す。すこし驚きなのは、同じ「下川岸」区の小野川岸に、今も「木彫観音像」が祀られていることだ。看板の説明には、「小野川流れ観音様」と書かれている。木彫の表面は確かにひび割れ、いかにも流れてきた風だが、作は近世のものであろう。重なる洪水・出水の記録からは、確かにこの仏像は流されてきたものとおもえる。「牛頭天王」神も、このように漂着してたどりつき、人びとによって大切に祀られた来訪神だったというのは、「天王神」由来伝承として興味深い。

〈伝承二〉ところが八日市場の伝承では、もう一つの話が伝わって

★ただし、ここにはふしぎな由縁が伴う。同じ天和三年、長澤次郎右衛門家は、地頭への年貢米未納などの理由により、代々継いできた浜宿名主役を失い、同家は廃絶の危機に陥っている。失脚の本当の理由は、長澤家が当時、禁教とされていた日蓮宗不受不施派の信仰をもっていたためとも言う。天和三年は、これをふくめて、佐原本宿、新宿の自治行政のありようが大きな変動を迎えた時期であった。

「小野川流れ観音様」下河岸の川べりに祀られている

いるようだ。八日市場にはイチガミサマがあり、市が「毎月八日間ずつ開かれていたが、イチガミサマが新宿の諏訪神社の上の天王台へ持っていかれたため、本宿の人達がこれを担いで持ってきてしまったのが、今の八坂神社だという」（『佐原市本宿の歴史と民俗』町並みに関する調査報告書第一集、千葉県立房総のむら、平成四〔一九九二〕年三月、一〇四頁）。

この話は調査者による聞き取りを記録したものだろう。近世の記録にあるものではなく、事実とは判断できない。しかし、この話の背景には複雑な複合観念《コンプレックス》がふくまれているであろう。

出水・洪水の重なるこの地域では、むしろ牛頭天王神が漂着神であったという伝承のほうが大切だ。漂着した牛頭天王神は「新宿天王臺」に祀られた。この位置は〈伝承一〉では「上宿臺」とされているから、「天王臺」即「上宿臺」であろう。いま諏訪神社の奥宮がある「佐原公園」の地はかつては「上宿臺」と呼ばれたことをうかがわせる。

●八坂神社と摂社・水天宮――神座の由来

江戸時代を通じて社名は「牛頭天王社」であったが、明治二〇年、今の香取街道の新道ができるに際して、京都の八坂神社本社の神の勧請を願って、新たに本・社殿が造られた。なぜこんなことをしたかというと、明治元年の「神仏分離令」と深くかかわっている。「牛頭天王」は祇園精舎の守護神であり、仏教天部の神である。中世には記紀神話の神・素戔嗚命《すさのおのみこと》と習合し、本地仏は薬師如来とされた。近世、本宿の「牛頭天王社」は通りを隔てて斜め向かいにあった別当寺・清浄院が管掌していた。ところが廃仏毀釈によって清浄院は廃寺となり、仏教天部の神である祭神・牛頭天王も認められなくなった。このため、京都の八坂神社の神を招請して改めて祀った。じつは京都の八坂神社もまた近世には牛頭天王を主祭神としていたため、これを廃して素戔嗚命を主神とし、「八坂神社」と改名した。佐原本宿の牛頭天王社は、この本社の改名にしたがって、祭神を同じ素戔嗚命とし、本・社殿を改めて建造した。本・社殿の向きは新しくできた香取街道に面した南向きとし、新道に入口が付けられた（祇園祭の名は京都の本社と同じく残された）。

この時、元々あった牛頭天王の本・社殿は東隣りに移され、明治二三年の修理を経て、いまは「水天宮」の名で祀られている。じつは、東隣りにある「水天宮」こそが元の「牛頭天王」祭祀の社だったのである。しかし、その祭神もまた変更されて「安徳天皇」とされた。「水天宮」社は、舟運業者と安産の守り神としていまも信仰を集めているが、佐原八坂神社の夏祭り（「祇園祭」と附祭「山車祭り」）ではなんの役割も果たしていない。現在の八坂神社本・社殿の、向かって右側にひっそりと鎮座している。しかし、社殿前に据えられた明治二二（一八八九）年の鳥居建設の石碑をみると、建設は「佐原

八坂神社本殿（左）と水天宮（右）。水天宮が江戸時代の牛頭天王社で、元は向かって左手を向いていた

町船仲間」によっておこなわれ、佐原と東京の船仲間各七〇人の名が記されている。東京の船仲間では日本橋区、深川区だけでじつに四二名の名が連ねられている。江戸・東京と佐原を結ぶ「内川廻し」の舟運がいかに隆盛をきわめていたかを明かすものだろう。佐原祇園の水神への信仰は、これほどに強いものだったが、明治以降は八

八坂神社、水天宮。明治20（1887）年に牛頭天王社本殿を移して、「水天宮」とされた。鳥居建設の碑文には「佐原町船仲間」の名が記され、東京の船仲間が多数記されている

坂社への信仰と水神信仰は分断されてしまった。

ここにみるように、祭神の移転や変更は外部の影響によるか、内部の求めによるかを問わず、人びとの信仰の在り処に大きな影響を与えるものだった。そうでなければ、祭神や社祠の移転がなぜ不可欠なものとして扱われてきたかを説明できない。とくに、中世から近世初頭にかけては、どの神を祀り、どの社祠のために寄進をして、本社殿を建てるかは、人びとの信仰にとって重大なことだった。

●「牛頭天王神」と「市守神」の交換

天和三年の牛頭天王社の再建立で、割を食ったのは八日市場だ。元々、八日市場に祭祀されていた「市神天王《いちがみてんのう》」が「新宿天王臺」から遷された「牛頭天王宮」にとってかわり、本社殿も浜宿側の社地に立ち、本社殿と入口の方位も浜宿を向くこととなった。八日市場の人たちは浜宿を通ってしか社地に入れなくなった。では、このような仕打ちを何ゆえに受け入れたのだろうか。そこに〈伝承二〉のような自身への納得の仕方を与える物語が流布する理由もあっただろう。

「新宿天王臺」の「牛頭天王宮」は、この時期すでに佐原村では広く信仰された社だった。そこで毎年夏におこなわれる「祇園祭」もよく知られていた。祇園祭には蕎麦を食べるという風習が家々でおこなわれていたことが、伊能家の日記に記されている。佐原村の鎮守的性格をもつ社が「新宿天王臺」にあった。これを本宿のほぼ中心にあたる浜宿に移転させることは、本宿の人々にとっては受け入れられるものだった。本宿側にとっては納得できる遷座だった。

では、新宿側はどうか。「新宿天王臺」は上宿背後の台地に置かれていた。これを本宿に遷すためには、上宿組名主・林七右エ門の了承をとりつけなければならなかったはずだ。ところが、天和三年の記録では、「里方」として新宿惣代・伊能茂左衛門、権之丞の両人しか出てこない。上宿内にあった「牛頭天王宮」の遷座にどうして、上宿名主の名前が出てこないのだろうか。ここにはおそらく、表立っては記されない取引、交換の条件があったとしか考えられない。取引として出されたのが、本宿にあった「市神天王」の上宿への遷座ではなかったか。当時、上宿、上中宿、下宿では六斎市が行われていたが、この市には「市守社」がなかった。本宿・八日市場にはかつて市があり、「市神天王」が祀られていた。しかし、百数十年のあいだ市はなく、徳川幕府になってからもおこなわれていなかった。

天和三年を遡ること四〇年前の寛永二〇（一六四三）年、天方知行所名主伊能勘解由（伊能三郎右衛門家三代目）、興津知行所名主長澤次郎右衛門（長澤家四代）、代官支配名主小倉助右衛門の三人が、新宿の市をつぶし、一二月二日より本宿に新しい市を立てると触状をまいた。本宿は本宿農民の窮状を訴え、中立の根拠に「本宿先年市立申証拠ニハ、市神天王則本宿ニ宮立、爾今六月十二日ニまつり仕候事」（『佐原市史』資料編別編一 部冊帳前巻、平成八年、佐原市、一七頁）とも記している。新宿の六斎市はその頃さかんにおこなわれており、本宿の農民たちは自分たちのところに市を持ってきたいと願った。その根拠に「本宿にこそ市神がある」と主張した。これに対して、上宿の林藤右衛門、下宿の伊能七右衛門が奉行所に出訴。永澤（長澤）次郎右衛門は興津氏の屋敷に閉じ込められ、本宿の訴えは認められなかった。さらに、市の混乱を防ぐため、上宿組支配・近藤用清と下宿組支配・興津忠行は「市法」を出して市の運営を明確に定めた。これにより、本宿は「市立て」の手立てを失うこととなった。

　本宿で「市立て」ができないなら、「市神天王」はその信仰の力を発揮しえない。いっぽう、六斎市をもつ上宿、中宿、下宿には「市守社」はぜひともあってほしいものだった。

●「市守社」は上中宿の路上にあった

「里方」の新宿物代・伊能茂左衛門と権之丞は、上宿組名主・林七右エ門と交渉し、「新宿天王臺」の「牛頭天王宮」と、元は八日市場にあった「市神天王宮」との交換の了承をえて、「貫方」の本宿に交渉を持ちかけたとおもわれる。伊能茂左衛門家による

諏訪神社中段に祀られる「市守社」。上中宿の路上にあったが、明治８年の道路整備で移された

諏訪神社中段に祀られる末社群。左奥は「水神社」、一つおいて中央が「市守社」

「明治・佐原年表」に次の記載がある。

〈伝承三〉「市守神社　元本宿八日市場ニアリ、牛頭天王ト取替新宿江遷座ト云伝、斎主八日市場習合神道家」（「伊能茂左衛門家文書」明治・佐原年表、同前、一七四頁）

〈伝承四〉「天正度以前不訳年歴古来申伝之部／今本宿ノ鎮守牛頭天王ワ佐原総鎮守ノ所本宿江引渡年暦／右済方ニ付八日市場市神ヲ新宿江移シ新宿江立市ノ年暦／（頭注あり）『香取田所家古文書ノ中ニ康安元年田地畠地改帳ニ佐原八日市場牛頭天王ノ脇与云々』／本宿鎮守天王勝徳寺不動明王江古来領主地頭ヨリ寄附田地年歴／（頭注あり）『天王ト不動江寄附田地ワ国分氏ノセツヨリ有之ト見ヘタリ』」（同前、明治・佐原年表、一七六頁、傍点は筆者）

〈伝承五〉（伝承四につづき）「本宿ノ鎮守牛頭天王ノ神体ワ薬師如来ノ木像ニテアリシガ、明治御一新ノセツ取除キタリ、是ワ別当僧ニテアリシ故ナルヘシ／八日市場ワ薬師の縁日ナリ、祭礼ワ十二日ニナセシモ縁日ナリ／香取ノ古文書ニ八日市場天王トアリ、浜宿ワ八日市場ノ内ナルヘシ」（同前、明治・佐原年表、一七六頁、傍点は筆者）

〈伝承三〉と〈伝承四〉で傍点を付した記述を読めば、あきらかに神体の「交換」がなされ、取り替え遷座がなされたことを証明している。そして、たしかに江戸時代には上中宿の路上に「市守社」という社祠が置かれていた。この社祠は明治八年の道路整備の際に、諏訪神社に移された。諏訪神社の中段、階段を上って左手に「市守社」と扁額のある社祠が立っている。小森孝一氏によれば、近年、「市守社」を開けて中をみると、ご神体として「薬師如来のお札」が出てきた。薬師如来は牛頭天王の本地仏であり、「市守社」の御神体はまさしく「牛頭天王」でもあり、八日市場の「市神天王」に等しいことがわかった、という。

この話は興味深いが、ふしぎなことに〈伝承五〉では、本宿の牛頭天王社にも木像の薬師如来が幕末まで置かれ、御一新で捨てられた。牛頭天王社の縁日もまた「薬師の縁日」だったという。これを事実とみとめるなら、次の仮説しか考えられない。

「新宿天王臺」の「牛頭天王」の御神体は薬師如来だった。八日市場の「市神天王」の御神体も薬師如来だった。この二つが交換され、「市神天王」の御神体・薬師如来は上中宿の「市守社」の御神体となった。明治の廃仏で、本宿・牛頭天王社と新宿の上中宿にあった市守社の二つの御神体・薬師如来像は共に廃棄された。ただし、市守社では薬師如来のお札だけが残され、諏訪神社に移された段階でも社祠の御神体として残された。

各地の祇園社をみると、いくつかで木彫の牛頭天王像が残されている。これをふまえれば、佐原でも牛頭天王像が祀られた可能性がなくはないが、古記録や伝承には牛頭天王像は見当たらないから、この仮説しか成り立ちようがない。

これらの事実から、天和三年の本宿惣町・浜宿の「牛頭天王社」遷座の背景がすこしだけ浮かびあがってきた。本宿・新宿という二つの惣町を束ねる者（物代）が、複数の旗本支配の実体を見据えながら、「町立て」の仕組みを創り出している姿だ。そこには利害があり、利害の調整があった。

「牛頭天王」遷座の裏面に隠された「市神天王」＝「市守神」の遷座という神座の交換で、なお十分な利をえたとはいえなかったのは、八日市場だったかもしれない。〈伝承五〉にしたがえば、おそらく近世の初頭までは浜宿も八日市場の内だった。その八日市場の権利が、浜宿組によって削がれてしまったとおもう根拠はあったであろう。この憤懣は、それ以後の本宿内での祭礼での抗争にもうかがえる。

●八日市場の先陣争い

八日市場は祇園祭でなんらかの特別な役割を与えられていたと思われるが、天和三年以後の事情はよくわからない。しかし、八日市場には神輿の露払いとして三匹獅子を出す役割が与えられてきた。八日市場の明和四（一七六七）年六月吉日の文書に、世話人・七郎右衛門、五右衛門が獅子頭を八日市場に寄進した。この三匹獅子頭による露払いが今なお続いているのだという。獅子頭をかぶる役は、元は八日市場・前原地区（香取街道の新道ができる以前、新道より一筋南側の路地にあたり、街道は前原を通っていた。「香取神社道」の道標が残されている。「前原」は八日市場の枝町だったが、近世後期には分町していた）の子弟のものだったが、「獅子会」はいまでは八日市場全体のものになっているという。文書に記す「世話人・七郎右衛門」は伊能七家の一つで八日市場に住し、伊能本家の存続が危ぶまれた際、小関家から忠敬を養子に迎えるのに尽力した。獅子会の会長は、今も七郎右衛門家を継ぐ伊能楯雄氏である。

獅子頭が新造された翌年の明和五（一七六八）年、八日市場は自前の出し物を先頭にするよう求め、河岸の出し物「千本旗」と争い、「鷹狩の扮装」が先頭を認められた。だが次の年の巡行では八日市場のだしが先頭との主張に対し、河岸・浜宿・上仲町も一番を主張、調整に入った伊能（忠敬）・永澤両家による「だしを出さない」という約束を永澤方が破って大騒ぎとなり、両家は義絶した。だしに代わる獅子役の成立は、この騒動と関係するものかもしれない。

●鎮守祭礼と各町の地位をめぐる力動

当初は神輿巡行につけて出された出し物行列の順が、町相互の争いとなった。本宿惣町、新宿惣町のいずれでも同様の争いが起こっている。この烈しい力動がやがて惣鎮守と惣町の自治の形態を造りだすことになった。

祭りでの順序は町相互のふだんの利害とは異なる。はたからみれば、行列の順序など、よく話し合えばすんなり行くはずと思えるかもしれない。しかし、当事者である地区の思いはそんなものではない。本宿各町は、みずからの誇りにかけて、時には神輿の奪い合いまでおこなっている。この誇りこそが自治の形態を生み出したのであり、争いの果てに、本宿祭礼では「くじ引き」や「互番」という考えが生まれた。新宿祭礼では、「触頭―巻軸」という祭礼絵巻的な行列観と、これを超えた「各町車輪の如く」という町衆自治の祭礼観を生み出すこととなる。それが、近代に形成され、現在の佐原の山車祭りにみる「年番制度」であり、「前年番」、「年番」、「後年番」の三町が各三年、山車祭り運営の核となって、祭りの伝統を確実に次の世代へと伝える仕組みの完成となった。

では次に、八坂神社祭礼のすがたとはどのようなものかを、近世にまで遡ってみてみよう。

本宿・夏祭り──八坂神社祇園祭

八坂神社祇園祭、祝詞奏上

八坂神社祇園祭、神輿への「御魂移し」

八坂神社祇園祭。神輿巡行の道をひらく

八坂神社祇園祭。三匹獅子、天狗、でくでくが本殿を３度廻る

八坂神社祇園祭。小野川、忠敬橋での「お浜降り」。かつては舟でおこなわれた

八坂神社祇園祭。小野川、佐香江橋での「お浜降り」。今は忠敬橋とほぼ隔年ごとにおこなっている

「のの字廻し」、本川岸「天鈿女命」山車

田宿「伊弉那岐尊」山車。人形師・面六。人形制作・明治 43（1910）年。[illegible]「雍泰（ようたい）」

船戸「神武」山車。人形師・三代目　原舟月。人形制作・明治 20（1887）年。額字「烝衎（じょうかん）」

浜宿「武甕槌命」山車。人形師・鼠屋。人形制作・昭和12（1937）年。囃子「柔和（にゅうわ）」

荒久「経津主命」山車。人形師・三代目　安本亀八。人形制作・大正 9（1920）年。額字「威徳（いとく）」

上仲町「太田道灌」山車。人形師・大柴徳次郎。人形制作・大正 10（1921）年。額字「徳威（とくい）」

浜宿「菅原道真」山車。人形師・三代目　安本亀八。人形制作・大正 10（1921）年。額字「頌徳（しょうとく）」

寺宿「金時山姥」山車。人形師・鼠屋五兵衛　福田萬吉。人形制作・明治12（1879）年。額字「幣臺（へいだい）」。2015年5月末の「小江戸さわらの会」20周年記念に、福田萬吉作の山車が出揃った際の撮影

本川岸「天鈿女命」山車。人形師・不詳。人形制作・慶応年間（1865 ～ 67）年。額字「咲樂（しょうらく）」

仁井宿「鷹」山車。町内総出で手作り。宝暦年間（1751 ～ 64 年）にはじまり、明治初期に定着。額字「仁愛（じんあい）」

八日市場「鯉」山車。町内総出で手作り。文久年間（1861 ～ 64 年）にはじまると伝える。額「龍の彫刻」

「鯉」の造りものを町ぐるみで仕上げる

9 本宿・夏祭り——八坂神社祇園祭・山車附祭り

●八坂神社「神輿神幸祭」と附祭り

本宿・八坂神社の前身「牛頭天王《ごずてんのう》」は京都・祇園社で祀られた仏教の守護神で、祇園精舎の守り神とされる。垂迹《すいじゃく》説によって牛頭天王は記紀の神・素戔嗚命《すさのおのみこと》と同体とされたため、明治初年の神仏分離令では、祇園社は八坂神社となり、素戔嗚命《すさのおのみこと》が祭神とされた。近世、京都祇園社（八坂神社）を本社として全国に祇園社とその祭りが広まったのは、疫病などの厄除けの神として知られ、夏の盛りにはやる疫病防ぎに祭礼をおこない、氏子の厄を祓い清める。

佐原本宿・祇園祭の祭礼では、神が神輿に御霊《みたま》移しされ、「年番町」の若者たちがこの神輿を担いで、氏子の町を巡行しつつ、小野川の忠敬橋または佐香江橋（隔年交代）で「お浜降り《はまお》」の儀礼をおこない、本宿町内を巡行して本殿に還る行事である。

じっさいに神輿を海や川中に担ぎ入れ、水で清めをおこなう夏の祭礼は「お浜降り《はまお》」と呼ばれて各地にみられ、房総・常陸の海岸ではことに多い。佐原の夏祭りでは、じっさいのお浜降り《はまお》はなく、★橋の中央に正方形の低い砂壇を築き、その上に神輿を安置、宮司・神官が祝詞をあげ、参集する氏子代表たちが拝礼して終わる。これが八坂神社の本祭礼「祇園祭」であり、祇園祭は氏子町の年番町が毎年替わる。明治以後は神輿巡行とは別の「附祭り《つけ》」として山車祭りがおこなわれ、年番町も神幸祭と同じく三年ごとの交代となっている。山車をもつ町は十町と限られているから、本祭りの祇園祭年番と山車祭り年番とは、全く別個のものとなる。附祭りの組織は、京都の祇園祭が、山鉾町の自治組織により自主的に運営されるのと同じだ。

本祭りの祇園祭に参加している町の役員に聞いてみると、山車祭りよりこの方が大事だと応える。「附祭り」は大店《おおだな》の旦那衆たちが大きくしたので、いちばん大切なのは神事にある、というのだ。また、山車を持たない町内への配慮でもあるだろう。この言葉は、祭りのいちばん核心がどこにあるかを示すと受け取っておこう。山車祭りは、たしかに神事というより、もっと芸能化した「風流」なのだ。すでに記したように、佐原の山車祭りには人々が生きる暮らしと信のありようをみごとに写しだしている。

神輿巡行の儀式は、各地区の山車がにぎやかに巡行するのに対して、およそ関係がないというように丸一日をかけ、氏子総代・各町の役員たちが衣装を正してつき従う。氏子地域の巡回の仕方は、年番となった町のつごうで八坂神社周辺をまわり、さらに小野川への道筋を往還するだけのこともあるが、全氏子町内を巡回するのがほんらいとされ、二〇一五年の巡回では本宿の全氏子町内を廻っている。この巡行について、『佐原町誌』は興味深いことを記している。

「…祭礼の御浜下りの神輿の順行に、社殿を出で先浜宿の端末を経て荒久に到り、仁井宿の端末に到つて少し北方に折れ、其処に神輿を休めて、神官祝詞を奏しそれより橋本に至りて橋上に奉安し、神官は舟中にて祝詞を奏し畢つて仮殿に入る。これに由て考ふるに浜宿の端末より仁井宿の端末迄、橋本は勿論いつれも内海入江の岬たりしものと推すべく、以て二百年以降百年以前の佐原村本宿の地形を窺知するを得べし。」（『佐

★「浜下り神事」は、元は神輿を橋元で川舟に乗せ神酒の奉献と神楽を奉納するもので、旧暦六月一〇日に行われた。祇園祭はこれに続いて六月一二日に行われたが、元禄一六（一七〇三）年から、浜下り神事の後、神輿をお仮屋に留め、一二日に神社に戻すかたちで一体化された神幸祭となった、という。

原町誌』、昭和六年、一八二頁）

これを読むと、内海入江に接した集落地先の様子が今日よりずっとよく見えたのだろう。二〇一五年の全氏子町巡回では、氏子圏の拡大にしたがって、ずっと遠くにまで巡回している。

●鉾神籬《ほこひもろぎ》・三匹獅子・猿田彦・でくでくの神楽

「神輿神幸次第」をみると、巡行する神輿の前には鉾神籬《ほこひもろぎ》をもつ氏子が立つ。京都・祇園祭礼の原形として諸国の数だけの鉾を立て、そこに諸国の厄を集めて払ったという故事からみれば、鉾が厄病を祓う役割をもつことがしられる。鉾神籬《ほこひもろぎ》の前には氏子会会長・副会長・総代たちが並ぶが、さらにその前には「獅子」と「猿田彦」が立つ。また、行列の最後尾には「神楽」がつき従う。

「獅子」は「三匹獅子」といって、獅子頭を頭上に被った三人の子どもたち。その前に「弓持ち」「笹持ち」と呼ぶ二人の子どもがいる。八坂神社社頭の向かいの八日市場集会所に「獅子仮宿《かりやど》」がつくられ、八日市場「獅子会」の仕切りで、「棒付」と合わせた五人はこの町の子どもたちが担う。「三匹獅子」だけは八日市場が古くから露払いの役割を担うもので、元は旧香取街道に面した前原地区の人たちがおこなってきたことは記した。「猿田彦」は仁井宿から出され、最後尾の「神楽」は浜宿から出される。この三つを「三役」と呼ぶ。各宿は元々別の組に属し、旗本支配も異なっていた。

仁井宿には古くからの農家からなる「天狗講（天狗会）」があり、交替で「猿田彦」面の仮宿をつとめている。正徳四（一七一四）年一

祭りの日、仮宿に祀られた「三匹獅子」の獅子頭。「三匹獅子舞」は利根川流域に広く分布する

「三匹獅子」と「弓持ち」「笹持ち」を受け持つ八日市場の子どもたち

「神楽」。神輿神幸祭の後尾につく浜宿「でくでく」の屋台。獅子頭が祀られており、賽銭箱を備えている

月一日に発足したとの古文書をもつという。

浜宿「神楽会」の「神楽」は元禄時代（一七〇〇年頃）から浜下りや御旅所の前で神楽舞が演じられたのに始まったとされる。「でくでく」とよぶ車つきの屋台で、中に獅子頭と小太鼓がおかれている。いまは神楽舞を演ずることはなく、後押えとして、小太鼓を打ち、神楽囃子の笛を吹いて行列にしたがう。元は神輿が巡行しない場所も代行して廻る役目も担ったという。

「でくでく」の神楽をみると、獅子面を中に収めているが、これと似た役割のもうすこし大きな屋台が、潮来山車祭りの三丁目「御神楽」にみられる。切妻屋根の上に三本の幣束が立ち、屋台には同じく獅子頭が飾られる。神幸祭に先立ち社殿前などで二人立獅子舞を演じ、屋台は先導役を勤めるなど、大切な役割を果たしている。

猿田彦命の面を被って行列に従う仁井宿の若者

三役にみる八坂神社祭礼のかたちには、神輿御幸祭と附祭りとしての各町山車祭りという区分けだけでなく、本宿組の八日市場、仁井宿、浜宿の旧村組が担った自生的な村の祭礼の姿がうかがえるだろう。

●江戸の祭りのおもかげ——造り物の伝統

佐原旧町の祭りの起源はさだかではないが、享保六（一七二一）年に、新宿の名主が中心となって祭礼の取り決めがおこなわれた記録からすると、この時期にはすでにかなりの祭礼があったことがわかる。また元禄から、本宿の町衆による祭りは、本宿の祭りが先行したとはいえないこともわかる。牛頭天王（八坂）・諏訪両社の神輿巡行に従った出し物が各町からすこしずつ出されるようになり、享保の頃にはまちの繁栄を受けて、いっきょにかたちを表わしはじめる。

現在の八坂神社の神輿巡行では山車は伴わないが、「三役」と呼ばれる「三匹獅子」「猿田彦」「でくでくの神楽」が随行している。

江戸天下祭りの巡行では神輿にしたがう各町の山車、山鉾は附祭りとは呼ばれていない。この巡行に、「踊屋台」やさまざまな「造り物」を車に載せて曳く「引き物」などの列を附祭りと呼んだ。「でくでくの神楽」が神輿の巡行路に入らない氏子の地域を賽銭箱をつけて代理してまわったというかつての習俗は、神輿巡行と山車・屋台祭りが分離される過程をよく伝えている。祭りの発展にしたがい、浜宿の町衆は山車の建造を計り、この頃から神輿巡行とは別に、附祭りとしての山車巡行がおこなわれるようになった。

このとき、山車・屋台祭りは豪商名主の支えがあったとしても、しだいにくっきりと、自治組織としての町衆の祭礼となる。同時に、八坂・諏訪両社鎮守の氏子圏も、よりくっきりと、かたちをとるにいたった。

近年まで浜宿では天保《てんぽう》年間（一八三〇～四四）建造の山車を引き廻していたが、下仲町で古文書が発見され、文政五（一八二二）年の建造であることが判明した。年々の祭りに曳行する山車本体は傷みが進みやすく、老朽化したときには、彫刻・額、飾り人形などはそのままに、本体だけを造りかえる。

浜宿の山車も平成九（一九九七）年に新しく造りかえられた。元の天保期の山車本体は欅《けやき》を主材とした漆による「塗り屋台」。山車彫刻は嘉永元（一八四八）年、額は嘉永四（一八五一）年。この上に飾り人形・武甕槌命《たけみかづちのみこと》が立つが、飾り人形は昭和一二（一九三七）年、鼠屋の作とある。

同じように、船戸・仁井宿の旧車も嘉永年代の作で解体もしくは現状保存されている。山車本体は老朽化に応じて再建造されるが、彫刻・額などは元を継承するから、当初の山車建造時代のままに残る。佐原の多くの彫刻・額が江戸時代制作であることは、町の自治組織と祭りそのものの古さをよく伝えている。では、江戸時代の佐原の山車に載る飾り物は今日と同じだったのだろうか。★

つぎに、神輿巡行にしたがった傘鉾、だし・屋台、錺物《かざりもの》あるいは練物《ねりもの》（邌物）の例を、清宮良造著・小出皓一補『定本佐原の大祭　山車まつり』に収録された文書資料によってあげてみる。

・江戸初期
　傘鉾、花万燈
・享保六（一七二一）年
　諏訪社巡行延びのとき、権之丞神幣を笠鉾の代理とする。
・享保一八（一七三三）年
　関戸＝権之丞家より夏夜着を借り、猿太彦錺り、上宿＝家台に稲たば錺り。
・宝暦八（一七五八）年
　仁井宿＝鷹を飾る。
・宝暦一四（一七六四）年
　本宿＝さるのだし、新宿＝いぬのだし。
・明和五（一七六八）年
　八日市場＝鷹狩りの扮装、河岸＝千本旗。
・明和七（一七七〇）年
　《本宿》寺宿＝きくニねこ、下中町＝とら・天ぐさ、浜宿＝ただのり桜、田宿＝こいの滝のぼり、上中町＝船屋台にて踊り、八日市場＝代々御神楽、川岸＝みこまい、橋元＝かさぼこ、荒久＝すもふ、下寺宿＝さるのだし。
・嘉永元（一八四八）年
　長い禁圧の後、地頭の許しなく祭りを実施、練り物屋台が華々しく登場。翌嘉永二年、下分町では宝船と弁慶の飾り物。
・嘉永四（一八五一）年
　《新宿》下宿＝笠鉾三挺、下分＝笠鉾七挺、橋本町＝笠鉾拾挺と三町は笠鉾を出していたが、笠鉾拾弐挺の追加を求められる。
・安政二（一八五五）年
　三町＝前記の笠鉾追加に替え大屋台各一台をだすことになる。

★中世～近世の都市祭礼については、植木行宣・福原敏男著『山・鉾・屋台行事』（岩田書院、二〇一六年）が、「出しもの」の形態についての体系的叙述が与えられていて参考になる。山や鉾、屋台などに一本の真柱とその先端に飾りものがつけられ、これが「出し」と呼ばれる神霊の「依り代」となる。囃子手は神霊の宿る「出し」をつけた山・鉾に向かい囃す。囃子屋台は「囃すもの」であり、囃子の音曲で「囃される」山・鉾との形態の分割が基層にあると考えるが、同時に一体化している場合も多い。ただし「人形」にはほとんど触れておらず、この体系から、佐原の大人形飾り山車の特質を説明するのは難しい。

★本上川岸＝神功皇后の大人形は、明治二〇（一八八七）年、鼠屋福田萬吉作。戦後の昭和四三（一九六八）年、人形と山車は潮来町濱壹丁目に売却された。潮来山車祭りを代表する一つとして巡行されている。平成二七年五月三一日、小江戸さわら会創立二十周年を記念して、里帰りの展示が行われた。

ここに記す以外の山車飾りで江戸時代に制作され今も続いているのは、《新宿》新川岸＝牛天神、下川岸＝素戔嗚命《すさのおのみこと》だ。

江戸時代の出し物をみると、笠鉾（傘鉾）が大切だったこと以外はかなりの多様さがうかがえ、明治・大正期に確立された大人形飾りを戴く山車の揃うかたちはまだ生まれていなかった。神輿巡行にしたがう附祭りだったこともあり、笠鉾以外の多くは「練り物屋台」「餝り＝飾り物」といったもので、今日の各町山車がもつ独立的な風格は少なかった。これは江戸天下祭りの、珍奇で遊楽的な出し物の風とも似通っている。この中で今日まで残りつづけてきたのが、《本宿》では仁井宿の稲藁細工の鷹、《新宿》では新川岸の牛天神、下川岸の素戔嗚命だったことはとても興味深い。

清宮・小出前著により《本宿》明治中期の山車飾り物をみると、寺宿＝綿の大象と唐子、田宿＝九尾狐と上総介、仁井宿＝鷹、船戸＝玉藻の前と三浦介、下仲町＝トコロ天草の大虎、上仲町＝龍宮殿に玉取姫、荒久＝ほてい様、本川岸＝天鈿女命《あめのうづめのみこと》（天鈿受女命）、八日市場＝麦藁の大鯉、浜宿＝關羽・張飛・玄徳と三番叟、本上川岸＝神功皇后★、橋元町＝児島高徳（上川岸の山車を借りて一年のみ出た）。

明治中期でも、今に残る飾り物は、仁井宿＝稲藁の鷹、本川岸＝天鈿女命《あめのうづめのみこと》、八日市場＝麦藁の大鯉の三つにすぎない。明治中期でおもしろいのは、田宿、上仲町、浜宿など、きわめて物語性の強い題材がとりあげられている点だ。これらは九尾狐と上総介、玉藻の前と三浦介、龍宮殿に玉取姫のように、郷土性と海にかかわる物語をもつ。下仲のトコロ天草でつくった大虎という、海の産物利用のものもあった。

★★昭和三年の『佐原町誌』では「おかめ」とある。確かに面相はおかめとなっている。なお、佐原では「あめのうづめのみこと」と呼びならわされているが、一般には「あまのうづめのみこと」と呼ぶ。

10 鷹・鯉を戴く——天空の神々と町衆

●鷹の山車、鯉の山車

こうして江戸時代および明治中期の山車飾りを対比させてみると、今も残る三つの町の山車の格別さがうかがえる。江戸時代の町割でいうと、仁井宿組は独立しており、八日市場は牛頭天王社での地位をめぐって浜宿組と争ってきた独自性をもち、仁井宿の鷹についで、八日市場の鯉という、麦・稲わらの造り物を山車上に載せたのはこの地区の歴史の独自性ともかかわるだろう。もう一つの本川岸町は、江戸時代には「みこまい（巫女舞）」を出したといい、やがて巫女の原形ともいえる天鈿女命《あめのうづめのみこと》★★の人形を山車に載せた。巫女舞のうちに、すでにアメノウヅメの舞があったかもしれない。この人形は幕末、慶応年間（一八六五〜六八）の作ともいわれてきた。佐原の山車飾り人形のうち、寺宿＝「坂田の金時と山乳母」のなかの「山乳母」を除けば唯一の女神《めがみ》であり、「のの字廻し」での舞い姿はとりわけ美しい。川越祭で今成町山車の上に天鈿女命が載るが、金色の金具で飾った唐破風の屋根が大きすぎて、その上に立つ女神の像は比較的に小さく、静かな姿勢で山車巡行でも動かない。夕闇に頭上で舞う本川岸町のアメノウヅメの眩耀《げんよう》な立ち姿は、ほかの山車祭りでは見られない優雅さだ。

この女神の舞に対向するように、ふしぎな舞を演ずるのが仁井宿の鷹と八日市場の鯉で、その独自性についてはすでに触れた。鷹は稲わら（藁）と竹でつくり、全長七メートル。鯉は麦わらで

⇐宵闇に輝く鷹の造り物をかかげて巡行する仁井宿山車

鷹
匠
二愛会

★日本の水の神伝承は数多くあるが、世界像を感じさせる事例を一つあげれば、琵琶湖を見下ろす伊吹山中腹・太平寺に、下半身が魚鱗魚尾の十一面観音像がある。円空晩年の最も美しい聖なる水の女神だ。また、琵琶湖の鯰は産卵期になると、水の神・弁天の聖なる島・竹生島の浜に集まり、跳ね舞うと伝える。

つくり、全長七メートル、胴周り三メートルにも及ぶ。三年ごとの本祭に造り替えられる。共に町内の各家で羽や鱗などのパーツを手作りし、最後に会所に集めてみなで組みあげる。仁井宿の鷹は宝暦八（一七五八）年からと伝えるが、山車飾りとして定着したのは明治に入ってからともいう。八日市場の鯉も文久年間（一八六一～六四）という伝えがある。仁井宿とともにわらで造り物をする伝統があったのであろう。「代々神楽」と結びつく「三元獅子」とともに、八日市場もまた、牛頭天王社の神輿巡行で独自な造り物の伝統を守りつづけた。現在使われている鯉は、二〇一四年夏の例祭にはじめて登場した。麦わらはハカマをとったものの状態で、夕闇に明かりがさすと金色に輝いてみえる。

「のの字廻し」をする鷹の山車、鯉の山車を見て、これはすごいと感嘆しているうちに、本宿、香取街道沿いの美術ギャラリー「酔夢館」に飾ってあった店主・平野正義さん自作の佐原祭りの画をふと思い出した。家並みが描かれ、その上の漆黒の天空に、鷹や鯉や大人形飾りの山車が光輝いて立ちあらわれている画だ。確かにこれらの巨大な人形や生き物は、天空を泳ぎ舞っているのだと感じさせる。この画から、町の人たちが、いや、町の人たちこそが、このような感銘のイメージを受け取っていることに気づいた。

山車飾り人形群と、わら造りの鷹と鯉の二つの山車が天空に舞うふしぎなイメージは、じつはどちらか片方のみの立ち姿だけでは強烈な印象とはならない。おそらく明治中期の飾り物にみる山車巡行では、このように幻覚的な天空の神々のかたちは描かれていなかったのではないか。現在みるすがたは明治中期以降、現在

鯉の造り物の前で記念撮影

にいたる大人形飾り山車の進化なしにはありえなかった。この進化のかたちは相互的であり、さらには本宿の山車群に対向する新宿の山車群でも同様のことが起こった。

わら造りの鷹や鯉の造り物の系譜は、身じかには「藁人形」の造り物といった地域の民俗伝承に起源が求められるだろう。大型の藁人形の分布をみると、秋田の「鹿島様」をはじめ、山形、福島、新潟、長野などの「人形道祖神」にみられ、農村景観の世界像に見合う形態をもつ。これらの藁人形の多くは祭祀ののちに破却されてきた。※一七一頁注★を参照 八日市場の鯉の造り物も、かつては祭りの翌日に壊し焼却していたという。この一刻の造り物の現出は、贖物《あがもの》の形代《かたしろ》が、同時に神＝尸《し》（神主、神体）の顕現でもあることをも指し示しているのではないか。

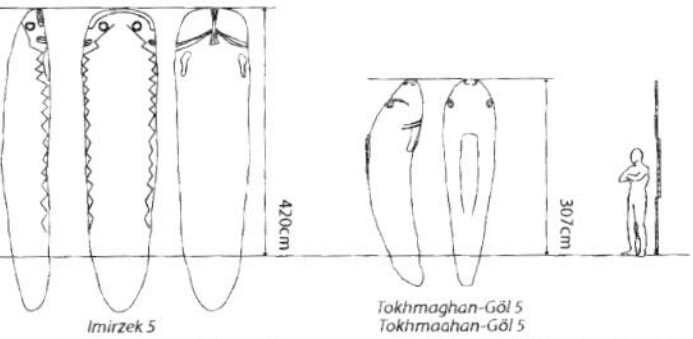

アララト山を遠望するアルメニア高地に立つ水の神の石柱ドラゴン・ストーンの1例（紀元前2500年前後、Imirzek5遺跡）。右図左端、高さ4.2m。

出典：A. Gilbert, et al., Dragon Stones in Context, The Discovery of High-Altitude Burial Grounds with Sculpted Stelae in the Armenian Mountains, *Mitteilungen der Deutschen Orient-Gesellschaft zu Berlin*, MDOG 144, 2012. Photographed by Marr and Smirnov, 1909.

ここではさらに、鷹神、鯉神（魚神）の世界像★を、地域の民俗伝承とともに、はるかにこれを超えたユーラシアの神話伝承をとりこんで眺望したい誘惑にかられる。ことに魚の神＝水の神はそうだ。

黒海の南に位置するトルコ山地には洞窟都市でしられるカッパドキアがあり、さらにこれよりトルコ東端部の高地に、ノアの箱船でしられるアララト山がある。地を蔽いつくす大洪水のなか、地上の全ての種《しゅ》を載せた箱船がたどりついたのが、アララト山だ。およそ七六〇〇年前、地中海と黒海を結ぶボスボラス海峡は陸地だった。黒海には大きな湖水があったが、海ではなかった。地球の急激な温暖化により海水が増大すると、ボスボラス海峡に海水が流入して、黒海との間に巨大な滝が生まれ、黒海低地に膨大な海水が流れこんだ。黒海の低地に住んでいた人々は、洪水を逃れて北部の草原地帯や南のトルコ・アルメニア高地に逃げた。高地に登った人々は、眼下の、轟々とながれ溢れる洪水と、その中から跳ね、飛翔する巨魚の形姿を幻視したであろう。聖なる山に辿りつき救われた動植物の種たちは、やがて山野を満たし、そこに生まれた緑野で、人々は一族の繁栄を創りだした。そして、地に潤いをもたらすとともに、暴れ狂いもする水の女神＝聖なる魚神の石柱を、アララト山をみはるかす高地に立てた★★。

いまもこの一帯に数多くのドラゴン・ストーンと呼ばれる魚形の石柱が立っている。Imirzek5遺跡の図像は全長四・二メートル、怪魚の図像は八日市場のわら造りの鯉に似ている。大きさもかなり似ている。高山の丘に石柱が立ち、周囲は低い環状列石でかこまれている。

★★アルメニア高地から見下ろす低地にはセヴァン湖があり、アララト平野の肥沃な農地を潤しているが、この湖には「聖なる魚」が棲むと伝える。高地に立つドラゴン・ストーンの巨魚は、地域の歴史伝承からいえば、セヴァン湖の聖なる魚を指すだろうが、ここではさらに壮大な背景の伝承として記した。

八日市場「鯉」山車の「のの字廻し」、鯉の神の舞踏

この水の神の伝承は、アルメニア人の水の女神アスヒク・デルケトとも、巨魚に飲みこまれるヨナの話とも結びつくだろうが、より古くはメソポタミアの水の神エンキとその娘イナンナ女神の神話と深い縁があるかもしれない。エンキは娘イナンナ女神に全ての力と掟をあらわす「メ」を与えた。するとイナンナは、これらを「天の舟」にのせて、エリドゥに帰る。エリドゥとは、天から地へ最初に王権が下された都市である。エリドゥの深淵に棲む水の神エンキの宮殿は深淵にあることになるが、同時にそれは「天の舟」に乗って行くところ、天空にある世界にもおもえる。水の神の娘、大いなる魚の女神は、洪水伝承をともない、都市と、地の底にある世界と天空の世界を往還する。イナンナ女神には、都市の力と掟を司る「メ」が、水神エンキを通じ、天から与えられたことに注目したい。

魚の造形は数万年を遡る旧石器時代にはじまり、聖なる魚の伝承は洋の東西にわたる。日本、縄文中期の井戸尻文化にも「世界創世の魚」の土器図像がある。アジアの大河・黄河は、青海省・甘粛省・内モンゴル自治区から陝西省へと大屈曲をして、三門峡から河北の平野に入る。その水は黄土の大地をえぐるとともに、肥沃な土をもたらして、大地をうるおし、黄河文明と呼ばれる大文明が生まれた。

『史記』に最初の帝と記される「黄帝《こうてい》」は、陝西の伝承では、黄河の魚（鯉－鯉科の魚「漣魚《れんぎょ》」）だとされ、流域の人は食べてはならない慣わしがあった。陝北（陝西省北部）・晋境渓谷に「黄河の水は天上より来る」と語られる「壺口瀑布」がある。鯉はこの瀑布を登り、その先の狭い河門「龍門」を通ると「化して龍となる」。これが「登龍門★」の言葉の由来となり、日本にも伝えられ、端午《たんご》の節句に「鯉幟《のぼり》」を高い棹につけて吹き流す習俗が生まれた。鯉は化して天上の龍となる。節句の武者人形につける小さな鯉幟《のぼり》も子どもの登龍をねがう祈りをあらわす。明和七（一七七〇）年の伊能家文書にも「田宿鯉魚跳龍門」とあり、京都・祇園祭にも「登龍門の鯉」の造形があるが、さほど大きいものではない★★。八日市場の町内の言い伝えでは、お伊勢参りの帰りにみた工芸品にヒントをえたともいう。

●神々の系譜

本宿の山車飾り人形中に、浜宿＝武甕槌命《たけみかづちのみこと》（鹿島様）と荒久＝経津主命（香取様）がある。二神は高天原の天照大神の使者として出雲に下り、大国主命《おおくにぬしのみこと》に「国譲《くにゆず》り」を迫る武神である。鹿島神宮（鹿島市）、香取神宮（香取市）に息栖《いきす》神社（神栖市）をくわえて「東国三社」とよぶ。三社はふしぎな三角の頂点に位置するが、息栖神社は鹿島・香取の二武神を乗せる「天鳥舟《あめのとりふね》」を祭神とする。ご神体は「井戸」だとも伝える。東国三社の神はいずれも「天津神《あまつかみ》」の系譜につながる。藤原氏の出自が鹿島社にあるとの伝承からも、このあたりは大和朝廷による奥州支配の基地であった。

興味深いのは、新宿物町の鎮守が諏訪社であることだ。諏訪社の祭神は大国主《おおくにぬし》の御子神《みこがみ》・建御名方神《たてみなかたのかみ》。「国譲り」によって出雲から諏訪に逃げ、この地に押しこめられた。出雲に「国津神《くにつかみ》」が参集する出雲の「神有月」に建御名方神だけは諏訪に留まると伝える。

また、本宿の牛頭天王社の祭神を素戔嗚命《すさのおのみこと》とするなら、この神のみが高天原から地上に天降《あも》った天津神《あまつかみ》であるとともに、国津神《くにつかみ》でもある両義性をもつ。素戔嗚命は、伊弉諾尊《いざなぎのみこと》が黄泉《よみ》の国から戻り禊《みそぎ》をおこなった際、鼻を濯《すす》いだ時に産まれた。伊弉諾尊《いざなぎのみこと》と

★伊能茂左衛門家七代の景良は魚彦《なひこ》と号し、国学者・賀茂真淵《かものまぶち》四天王の一人といわれた高弟。魚彦の招きで、佐原を訪れてもいる。魚彦は「鯉」の画をよくした。いま茂左衛門家の屋敷地は伊能忠敬記念館となったが、傍らの喫茶室「珈琲遅歩庵いのう」には、魚彦の「鯉の滝登り」の画が掛けられている。

★★京都・祇園祭の「後祭」に巡行する「鯉山」（中京区室町通六角下ル）の飾り物に、江戸前期、左甚五郎作と伝える「登龍門の鯉」がある。鯉の長さはおよそ一・五メートル。写実的な造り物だが、佐原本宿の「鯉の神」のような初源的な造形性のみごとさはない。「鯉山」ではタペストリーの方が有名である。

伊弉冉尊《いざなみのみこと》の間に生まれた三貴子の末子。姉の天照大神は高天原《たかまがはら》を与えられ、月夜見尊《つくよみのみこと》は滄海原《あおうなばら》または夜を、素戔嗚命（以下、神名を時にカタカナで記す）は夜《よる》の食国《おすくに》または海原を治めるように言われたが、スサノオはこの命を受け入れず、ひたすらに泣き続けた。

「其の泣きたまふ状《さま》は、青山を枯山《からやま》如《な》す泣き枯らし、河海は悉《ことごと》に泣き乾《ほ》しき。是を以て悪《あら》ぶる神の音《おと》なひ、狹蠅《さばへ》如す皆《みな》満ち、万《よろず》の物の妖《わざはひ》悉に発《おこ》りき。」（『古事記』）

イザナギがその理由を糺すと、スサノオは母神・イザナミのいる根之堅洲国《ねのかたすくに》に行きたいとひたすらに願っていた。怒ったイザナギはスサノオを高天原《たかまがはら》から追放する。スサノオはまた姉のアマテラスに会いたいと、タカマガハラに上り、アマテラスとウケヒする。ウケヒとは誓約の儀礼であり、これによってスサノオは、中ツ国を治めることとなる。スサノオが青山を枯らし、河海を泣き乾すツミを犯したのにたいし、神々はスサノオを「千座《ちくら》の置戸《おきと》」におしこめた（『先代旧事本紀《せんだいくじほんぎ》』）とも記されている。スサノオは「哭泣《こくきゅう》する神」であり、その故に「青山河海」を枯らし乾す「荒ぶる神」でもある。その子大国主《おおくにぬし》は天孫族に国譲りする国津神《くにつかみ》。オオクニヌシの子タケミナカタは国譲りを認めなかったために諏訪に押しこめられた。

すると、祇園＝牛頭天王社と諏訪社はともに追放され、押しこめられた敗亡の国津神《くにつかみ》にかかわるのだが、一方で、鹿島・香取・息栖《いきす》という天津神《あまつかみ》系の神々と共在しているのだ。敗亡の神を鎮守とするのは、それゆえにこそ、この土地と人々をみつめ疫霊を祓う強力な守護神とされた。★★★ とともに、系譜の異なる神々が並び立つところに、町衆の神々への思いがうかがえる。

★★★下総から常陸、下野の利根川流域周辺にかけては、八坂社、天王社など祇園祭をおこなう所が多い。千葉県の成田祇園祭、小見川祇園祭（香取市須賀神社）、多古祇園祭、茨城県の潮来祇園祭、下館祇園祭、栃木県の益子祇園祭など。また、下総、常陸にかけて「浜降り」をおこなう神社が河海に広がっている。

日本の神社《かみやしろ》は背後にご神体となる山を戴くが、東国三社は湖川水郷の「うみ」辺に立つ。このはろばろとした始原の水土こそが神の庭《にわ》なのだ。鹿島・香取はまた「地震鯰《なまず》」の伝承をもち、大地の底にいる大鯰《なまず》の頭を鹿島の要石《かなめいし》が、尻尾を香取の要石《かなめいし》が地中深くに突き刺さり、巨鯰を押さえている、と言う（『常陸国志』では日本を囲遶する「大魚」ともいう）。鹿島から香取まで一〇数キロにもなる身体をもつ大鯰《なまず》である。地中深くに突き刺さる要石《かなめいし》は、鹿島のものは先端がわずかに凹形なのにたいし、香取のそれは凸形で、男女の性をあらわしている。地震を引き起こす鯰は、大きな災厄を起こす厄神だが、同時に祀られた厄神は益神となる。

●鯉と洪水と祇園八坂社

佐原の山車で、巨鯰をわらで造ってもよさそうだが、やはり、鯉でなければならなかった。鯉は天に昇って龍となる水の神★★★★だから、厄神が益神となる象徴性をさらに、よく伝えている。

水郷は湖川の幸をもたらすが、同時に水の氾濫水害も多く、そこでいかに暮らすかの智慧はもっとも大事な掟となる。氾濫する水が湖川を超えて湿原からさらに田畑や屋敷地にまで及ぶと、鯉は濁り水をさけて水没した植生の中に集まる。水がひけると、植生のある水田や水たまりに取り残されて、跳ねたりしている。栗橋町・八坂社の伝承では、中利根川の洪水のとき、天王の神輿を多数の鯉と泥亀が大切に取り囲むように流れてきたので、これを祀って八坂山王社を建立したと伝え、祭りのある旧暦六月中は鯉と泥亀を食べないという（『新編武蔵國風土記稿』、柳田國男「祭礼と世間」など）。利根川水辺の洪水地帯では、洪水と鯉は心意の奥で結びついていたのであろう。

★★★★水郷でもっとも知られた神の一つは「水神」で、利根川各地にたくさんの水神宮が祀られている。佐原本宿・八坂神社本・社殿右手の「水天宮」は、元は「牛頭天王社」だったが、いまは舟運の神・安産の神として祀られている。また、水商売の女性たちの信仰する稲荷社石宮が本殿左脇にある。

★佐原・諏訪神社の現在の御神体は「薙鎌（なぎがま）」であるという。薙鎌は信州諏訪大社で御柱祭や諏訪神領の境の木に打ち込む「薙鎌打ち」の神事などで使われ、武神・風鎮の神である諏訪神の「神器」とされてきた。多くの秋祭りが「風祭り」と呼ばれるのは、風を鎮めて秋の収穫を祈ることによる。

〈伝承一〉に触れたとおり、「新宿天王臺」の「天王ノご神体ワ昔字道生へ流シ寄シヲ上宿台へ祭ト云々」（伊能茂左衛門家文書）とされ、ここでも「牛頭天王神」は出水・洪水に流されながら、「道生」にたどりついた。「鯉」の伝承はないが、鯉に見守られながら、あるいは鯉の化身のように「牛頭神」は佐原の岸辺に寄り、「新宿天王臺」に祀られることになった。

本宿の牛頭天王神だけでなく、新宿の諏訪大明神もまた、湖水に発する。諏訪大社は、上社＝本宮・前宮、下社＝春宮・秋宮の四つの社からなる。冬、諏訪湖の氷に亀裂が入り、大音響を立てて、上社から下社に向けて走ると「御神渡り神事」が行われる。佐原新宿鎮守の諏訪大明神の本社殿を諏訪山の中腹から山上に据えるにあたって、三代目伊能権之丞景胤は、わざわざ諏訪湖の「湖水石」を大社から勧請して「ご神体」としている。★湖水の底から立ち上がる大神を鎮守としたのだ。

天明三（一七八三）年の浅間山の大爆発が川床を埋める中、同六年に起こった洪水により大飢饉が生じたとき、本宿名主・伊能忠敬は、「佐原の民は一人たりとも餓死者を出さない」と、壊された水田や堤の修復に人々を動員して、手間賃を払い、食料をえる手立てを提供した。掟・約束はもちろん農村にもあるが、町の掟・約束はさまざまな職をもった町衆の暮らしを支えるために最低限求められるものだ。これは武士が与える支配の掟とは異なる。町衆がせめぎあいつつ、自生的、自主的な必要の上に、自覚的につくりあげた約束だ。水の神の娘イナンナ女神は、都市を守る力と掟の「メ」を天から授かった。じつは「町衆の祭り」こそが都市がもつ暗黙の掟、約束ごとの、時をかけた試みの積み重ね、集大成でもある。

★★モンゴル族の発祥はバイカル湖周辺とされ、モンゴル系のブリヤート族は今もバイカル湖周辺に居住する。ブリヤート族の現代版画には、天空に浮かぶバイカルの魚の下で舞うシャーマンが描かれている。ブリヤート族は鷲を信仰するとともに、聖魚の信仰もあったことがうかがえる。

鯉が水下から跳ねて天空にのびやかに舞う神とすれば、鷹はもともとゆったりと天空を飛翔し、地上の生き物をねらって降下、獲物をとらえてすばやく飛び去る。ひとが鷹の眼を獲得すれば、地上の全ての営み、その力と掟を見据える眼を身につけるだろう。鷲・鷹、鷲みみづく、白鳥はユーラシア北方のシャーマンたちが信仰した聖なる動物である。ブリヤート★★は、神が病・死に苦しむ人間のところに鷲を遣わし、助けようとしたが、ふつうの人間はこの言葉も目的も理解できなかった。そこで神は鷲に再度命じて、鷲の言葉を理解できる者を探すよう命じた。鷲は一本の樹の下で眠る女をみつけ、彼女を身ごもらせた。この女が月満ちて生んだ男子が最初の〈シャーマン〉となった、と伝える。この神話は鷲だが、部族により鷹であっても同じだ。鷹匠の伝統は、ユーラシア北方から日本に伝えられたが、鷹の獲物を見据えて飛翔するまなざしは、〈シャーマン〉の魂に等しい。鷲＝鷹は天の眼をもち、人の苦しみを理解し治癒させる力と術を心得ている。鷹の山車が見据えるものは、町衆が自分の町に暮らしつつ、同時に、自分たちのありようを見つめ、もう一つ大きくて広い世界を見つめる眼を持つことを伝えている。

11 大人形飾り山車の揃い踏み――明治・大正期の革新

本宿での山車飾り、山車本体および山車彫刻・扁額制作の時期をみると、山車を構成するものの変化の具合が見てとれる。

●本宿各町の山車――飾りもの、山車本体、彫刻、額

本川岸＝「天鈿女命《あめのうづめのみこと》」（天鈿受女命）は慶応年間（一八六五～六七）

の作と伝える。山車本体（高さ四・二メートル）は明治一五（一八八二）年、本川岸の大工・飯島棟梁。彫刻「仁徳天皇」は明治年間、小松重太郎光重。山車額「咲楽《しょうらく》」は大正五年、平田篤胤の甥・盛胤の揮毫。

八日市場＝「麦藁造りの鯉」は前述のように、文久年間（一八六一～六四）にはじまると伝える。年番を引き継ぐ本祭の時にだけ鯉を出す伝統が平成三年まであった。★★★平年は「花万燈」だった。山車本体は明治二五年に焼失後、明治二九（一八九六）年に再建。山車彫刻「太閤記武将の図」は明治二一（一八八八）年、小松重太郎光重・光春。山車額彫刻は「龍」、小松重太郎光重。

浜宿＝「武甕槌命《たけみかづちのみこと》（鹿島様）」は昭和一二（一九三七）年、鼠屋作。山車本体は前述のように平成九（一九九七）年、芹川昇司棟梁により再建。旧車は天保年間（一八三〇～四三）建造。山車彫刻「唐獅子牡丹・鳴神・竹林七賢人・獅子の子落とし」は後藤茂右衛門正綱により、嘉永元（一八四八）年から四年をかけて成る。山車額縁彫刻も嘉永四年、後藤茂右衛門正綱作。「柔和《にゅうわ》」の揮毫は元龍。

寺宿＝「坂田の金時と山乳母」は明治一二（一八七九）年、鼠屋五兵衛作。山車本体は嘉永三（一八五〇）年、岡野治兵衛重好作。岡野家は寺宿で今も十五代続く宮大工。山車彫刻「登り龍と下り龍」も嘉永三年、三代目・石川常次郎の作。山車額は「幣臺《へいだい》」。

田宿＝「伊弉那岐尊《いざなぎのみこと》」は明治四三（一九一〇）年、人形師・面六作。山車本体は嘉永四（一八五一）年、当時の戸数一八戸で制作した。山車彫刻「唐子遊びほか」は安政三（一八五六）年から五年、十代目後藤茂右衛門正忠作。山車額「擁泰《ようたい》」は明治年代、揮毫は漢学者・並木栗水。

仁井宿＝「稲藁造りの鷹」は宝暦年間（一七五一～一七六三）にはじまる。山車本体は平成一一（一九九九）年再建。旧車は嘉永年間（一八四八～五三）、寺宿の宮大工・岡野治兵衛重好作。山車彫刻「松に鷹・唐獅子牡丹など」は宝暦年間の制作。胴羽目は葛飾区・北澤一京作。山車額「仁愛」は昭和一一（一九三六）年、揮毫・島崎千涯。

船戸＝「神武天皇」は明治二〇（一八八七）年、浅草の人形師・三代目原舟月の作。山車本体は平成九（一九九七）年再建。旧車は嘉永年間（一八四八～五三）建造。山車彫刻「源頼光と四天王の大江山酒呑童子退治の図・米づくり収穫の秋の図」は江戸時代の制作。山車額縁彫刻「竹に雀」。山車額「蒸衎《じょうかん》」は久保木蟠龍清淵（一七六二～一八二九。津宮村名主で朱子学者。伊能忠敬は歳若い清淵を漢学の師として親しく交わり、清淵は忠敬亡き後、大日本沿海輿地全図の完成に尽力した）の揮毫。

上仲町＝「鷹狩りの太田道灌」は大正一〇（一九二一）年、人形師・大柴徳次郎（護豊）作。山車本体は明治三四（一九〇一）年、寺宿の宮大工・岡野治三郎重春作。山車彫刻「二十四季」は大正一一（一九二二）年、佐藤光正・光清ほか作。山車額「徳威」は大正一〇年、揮毫・野村先生。額彫刻は「松に鷹」。

下仲町＝「菅原道真」は大正一〇（一九二一）年、三代目安本亀八作。山車本体は、最近の古文書発見により文政五（一八二二）年の建造とわかった。玉簾と天幕は安政三（一八五六）年の作。山車彫刻「山伏の図」は大正九（一九二〇）年、後藤桂林の作。山車額は「頌徳《しょうとく》」。

荒久＝「経津主命《ふつぬしのみこと》（香取様）」は大正九（一九二〇）年、三代目安本亀八作。山車本体は昭和三（一九二八）年の再建。旧山車は江戸時代。山車彫刻「獅子群遊」は安政年間（一八五四～五九）、後藤茂右衛門正

★★★かつて、「わら造りの鯉」が出ると洪水になるという考えが広がったが、鯉はまさしく「水の神」とかかわる生き物だったのであり、鯉を祀ることで洪水を避けるという考え方と、鯉を出すと洪水になるという考え方とは反転する両義性をもっている。なお、天保耄士「五十年以前の佐原」（『佐原の歴史』第3号、平成一五年三月）によれば、新宿・下新町の山車飾りは、「大鯛の背に乗った恵比寿」で、「口はパク〳〵尾は左右へゆら〳〵と動かして、随分見られるものであった」とある。八日市場の「わら造りの鯉」と対応するものだったかもしれない。

（上）田宿「伊弉那岐尊」山車。（下）下仲町「菅原道真」山車

（上）荒久「経津主命」山車の「のの字廻し」。（下）浜宿「武甕槌命」山車

寺宿「金時と山姥」山車

船戸山車の囃子連

本川岸町「天鈿女命」山車、「のの字廻し」の若連と手古舞

上仲町山車の囃子連

本川岸町「天鈿女命」山車、「のの字廻し」の若連

本川岸町「天鈿女命」山車、「のの字廻し」の若連

田宿「伊弉那岐尊」山車、月光を浴びての夜の巡行

忠の作。格天井は昭和四年、小松光春作。山車額「威徳」は時期不明、揮毫・中尾紫水。

みるように、山車★本体の建造は古くは江戸時代後期、かなりが幕末、嘉永年間の建造で、焼失や痛んだために再建されたものもある。本体の建造は地元の宮大工棟梁の手になるものだ。

●半間《はんま》の伝統

祇園祭にはじまる山鉾・曳山・山車・屋台の車の原型は、都で貴族が牛に牽かせて乗る御所車《ごしょぐるま》（牛車）だった。牛車は貴人の地位によってその格式が定められていた。牛車の制は中国の馬車（牛車）の制に発する。中国ではすでに商代（紀元前一六〇〇前後～一〇二七年）から二頭立・四頭立馬車が登場し、戦闘車に使われるとともに、貴人の乗り物としても使われてきた。王者が亡くなると、馬と車、戦士や御者を死後の王者に仕えるものとして生きたままに埋めた「車馬坑」が数多く発掘されている。ほとんど馬が曳いたが、乗り物では牛や水牛も用いられた。

御所車は輻《や》をもつ車で、基台の外に車輪が出る外輪式。輻《や》とは中心部の轂《こしき》から放射状に並んだ木のことで、輻《や》をもつことで軽くて大きい車がつくられてきた。輻《や》の外輪は「月の輪」とよばれ、一重または二重の「月の輪」をもつ。中国古代の馬車から京都・祇園の山鉾・曳山、江戸・天下祭の山車まで、山台（屋台）を載せる車はみごとな装飾を施した輻《や》をもつ外輪式の大きな車で、このかたちはとくに近江、飛騨、越中に多く広がっている。化粧した輻《や》車の中には、輻《や》の上にさらに化粧板を施した華麗なものもある。これを北陸などでは「板車」とも呼んでいる。車の形式は「安永の曳山争論」のように、時として重大な争いにもなった。高岡御車山《みくるまやま》祭に登場する車山は前田利長公寄進の御所車（台鉢車と記されている）だから、加賀・越中・能登三国のほかの町で真似することは許さないとして、高岡車山町が加賀藩に訴えたため、放生津《ほうじょうづ》・城端《じょうはな》・今石動《いまいするぎ》など各町の曳山を魚津《うおづ》に集めて調べられ、刑死者まで出すという騒ぎになっている。

佐原の山車は基台の下に車輪が置かれた外輪式だが、輻《や》をもたず、「半間《はたま》」と呼ばれる木製の差車《さしぐるま》（四方詰組差車）。元は松の木を輪切りにしたものだった。乾燥すると割れやすくなるため、ふだんは川の中につけこんでいた。松の木は磨耗がはげしく、また大きな輪切り材を得ることがむずかしくなり、最初に西関戸が欅《けやき》材を組んでつくった「組み車」を制作、他の町もこれにならって今ではこの形式がすべてとなった。写真にみるように、欅材を十字に接合して、そのあいだを八分した同材で埋めている。最近は車輪の表面材には欅の無垢板目材をもちいるが、芯材にはより硬い木材を使用するなどの工夫がこらされている。御所車系のように大きな車輪ではないが、直径一メートルにもなる大きな外輪形式の車に特質がある。関西に多く分布する地車《だんじり》の「コマ」とよばれる車輪の直径は五四・五～六二・六センチメートルほどで、ここでは今も松の輪切りを用いている。地車《だんじり》をとりまく若衆がいきおいよく車を走らせるには、内輪式のほうが危険をともなわず、また松の輪切りを用いることで消耗を前提とした走らせ方を仕組んできたのだろう。これにたいして、佐原の車輪は地車《だんじり》の車輪より

★佐原で「だし」といえば河岸の船つき場のことで、「山車」はふつうには「屋台」と呼ばれていた。正式名称は「幣台（へいだい）」で、神の依り代である御幣を掲げ載せる台を意味する。

★★大八車は、近世に、車輪を大きくして車台の外側にとりつけ、米俵・酒樽などの荷を大量に運ぶ運搬車で輻があり、形態は御所車に近い。大八車だけがモデルなら、輻のある車となってもよさそうだ。もう一つ、土木用の荷車「土車」もまた使われてきた。この伝統をも踏まえるべきかもしれない。

はるかに大きく、基台にしっかりと据えられた形がよく見える。佐原の街路の規模からいえば、路地まで巡回するような山車には輻《や》をもつ外輪形式の車はふさわしくない。次の伝承が残る。

〈伝承六〉　諏訪神社本社殿、向かって左手の鳥居を抜けて、すこし降りた右手に松尾神社の社祠がある。京の松尾神社は酒造の神として知られ、その末社である。佐原の酒造家は、新酒ができると、松尾神社の社祠に献上し、戴いた御幣を大八車★★に立て、祝いの酒を載せて、揃いの印半纏を着た使用人たちに町内を廻らせた。この大八車の巡回が山車の巡行になったといわれる。

秋祭り、上中宿「鎮西八郎為朝」山車の準備。周囲にあふれでるような見事な彫刻

夏祭り、田宿「伊弉那岐尊」山車の半間と蕨手の「唐子」の彫刻

　伝承にいう大八車は近世に一般に荷車として発達してきたもので、北陸でいう台鉢車とは異なる。はじめに、酒樽や酒瓶をのせた荷車を人が曳いた、そこに御幣が立てられた。これがやがて屋体上に人形飾りを立てる山車へと発展した。近世佐原の財力からすれば、絢爛とした「装飾板の輻車」や彫刻の彩色、豪華な金具などをほどこそうとおもえばできたのに、それをしなかった。ここには一種「不器用」ともとれる「自前さ」が備わっている。

　この「不器用さ」は、祇園祭や江戸型山車の視覚的な均整さへの対抗にもうかがえる。山車本体に対して、不釣合いなほどに人形飾りが大きいのは、京文化や江戸文化からすれば、不恰好に見えるかもしれない。しかし「神々が立ち顕われるすがた」からみれば、このほうがはるかに「かっこいい」のだ。この、不器用なこだわりこそが「佐原の大祭」を、町衆による破格の祭りにしているのではないか。

それはまた、佐原囃子「段物」の風雅さにも通ずる。祇園曳山、大津、長浜、高山、城端、高岡、八尾など飛騨や北陸の曳山は、音曲もふくめて、いずれも典雅な景色をかもしだすが、佐原の山車巡行は風雅ではあっても、典雅ではない。この土地がもった、自前の水土の上に立てられた「風雅な威風」なのだと思えてくる。佐原宮大工の造形美は、八坂社・諏訪社社殿の形だけでなく、近世に造建された寺院、伊能家菩提寺の観福寺本堂、法界寺などの破風や大屋根の剛直な威風にもみえる。山車本体の剛直な構造には、こうした地元の宮大工の気風がうかがえるだろう。

山車本体の多くが江戸時代に発し、その老朽化にしたがって再建されたのにたいして、山車彫刻の多くはいずれも江戸時代のもの。彫刻板は、祭りの時以外は取り外してあるので、本体が痛み、新しく本体建造される際は元からの彫刻板を嵌められるようにつくられるから、彫刻が古びることはない。若衆見習いの町の子どもたちが最初に習うのが、祭りの前に本体に彫刻板を嵌《は》め、終わって解体する際にこれをはずすことだ。嵌めこみは釘一本なしになされる。順序をまちがえると、板はうまく嵌まらない。山車飾り人形の胴に頭《かしら》を嵌め、衣装をつける役目はさらにむずかしいが、ここでも順序をまちがえれば仕上がらない。祭りでの「順序」の習得は、物事をなすときの大切な約束ごとをなしている。若者たちは、この手順を習得してはじめて大人の仲間となる。

多くは江戸期に遡る山車彫刻は、「後藤茂右衛門」の名があげられるように江戸の一流工人の手になるものが多い。東京に残存する江戸の山車、川越祭の山車などをみると、同じように当代の名工の名残をとどめているが、各地に残る本社殿建築の装飾には驚くような見事なものがあり、江戸期彫刻の粋がどのような地域性と表現の広がりをえたかは、今後に究明すべき課題だろう。

●さまざまな山車飾りから、大人形飾りへ

ふたたび山車飾りに話題を戻すと、下仲町の山車飾りは、明治中期には「トコロ天草の大虎」であり、これは江戸末以来の伝統であった。仁井宿と八日市場でのわら造りの伝統にたいして、下仲町でも、手造りの大虎をトコロ天草で造形した飾りを山車の上に載せていた。いかにも海辺の材料をおもわせるが、わら造りの鷹・鯉のように、大きくみごとな造形を造って山車に乗せるのはむずかしかったのだろう。山車本体はいまも江戸時代からのもので、大正九年に「山伏の図」の山車彫刻を作った。翌大正一〇年、「トコロ天草の大虎」をとりやめ、生人形《いきにんぎょう》造りの名人として知られた三代目・安本亀八に制作を依頼し、「菅原道真」の山車飾り人形を載せることになった。つまり、大正期に仁井宿と八日市場と並んで手造りをしていた山車飾りをやめ、大人形飾りに転換したのだ。この時期に新たな大人形飾りをおこなった本宿の町をみると、荒久＝「経津主命《ふつぬしのみこと》」が大正九（一九二〇）年、同じく三代目安本亀八作。上仲町＝「鷹狩りの太田道灌」が大正一〇（一九二一）年、人形師・大柴徳次郎作。明治期のものが、寺宿＝「坂田の金時と山乳母」が明治一二（一八七九）年、鼠屋五兵衛作。船戸＝「神武天皇」

は明治二〇（一八八七）年、浅草の人形師・三代目原舟月の作。田宿＝「伊弉那岐尊《いざなぎのみこと》」が明治四三（一九一〇）年、人形師・面六作。

明治・大正期に制作された新宿側の大人形飾りをみると、新橋本＝「小野道風」が明治四（一八七一）年、北横宿＝「日本武尊《やまとたけるのみこと》」が明治八（一八七五）年、下新町＝「亀と別れる浦嶋太郎」が明治一二（一八七九）年、上中（仲）宿＝「鎮西八郎為朝」が明治一五（一八八二）年で、いずれも鼠屋福田萬吉作。仲川岸＝「神武天皇」が明治三一（一八九八）年。下宿＝「厨川の柵の源頼義」が明治三二（一八九九）年、古川長延作。いまは祭りに出ない中宿＝「桃太郎」が大正一一（一九二二）年。南横宿＝「仁徳天皇」が大正一四（一九二五）年で、いずれも三代目安本亀八作となっている。

これらを整理してみると、第一段として幕末の嘉永期から明治一〇年代にかけて大人形飾りが出現し、人形師では鼠屋（福田萬吉および五兵衛）が最も多く、三代目原舟月、古川長延、面六が各一つを制作。第二段として、大正期の生人形師として知られた三代目安本亀八が本宿の下仲町と荒久、新宿の南横宿と中宿の四町の大人形飾りを手がけ、大正九〜一四年にわたっている。もう一つが同じく大正一〇年、上仲町が人形師・大柴徳次郎の作によっている。

夏祭り、上仲町「太田道灌」人形。大柴徳次郎の真作（佐原山車会館展示）。提灯胴に衣装を着せ、頭が嵌めこまれている様子がよくわかる

夏祭り、上仲町「太田道灌」山車の「のの字廻し」。

★清宮良造著・小出皓一補『定本佐原の大祭山車まつり』の巻末に、「佐原町本宿八坂神社祭禮山車整列略圖（大正十年）」、『佐原町諏訪神社大祭山車番組之圖（坂本桃淵画、明治四二年）』の木版刷画が掲載されている。これらから大正一〇年までに、今日の佐原型山車群の形態が揃ったことがわかる。

なお、昭和六年刊の『佐原町誌』に記す山車名をみると、本宿では浜宿＝鹿島様（武甕槌神）、荒久＝香取様（経津主命）、本河岸＝鈿女命（おかめ）と名称がすこし異なる。また、戦後に潮来に売却された本上河岸＝神功皇后がある。新宿では、中宿＝桃太郎が健在で、上宿は「三蓋傘鉾」であった。

潮来、濱壱丁目「神功皇后」山車。人形師・鼠屋　福田萬吉。人形制作・明治12（1879）年。額字「雍熙(ようき)」。元は本宿・本上川岸の山車人形だった。2015年5月末の「小江戸さわら会20周年記念行事で、福田萬吉作の人形揃いとして里帰りした

佐原の山車人形飾りは、まず幕末、明治初期に第一段の展開があったが、佐原惣町全体としてはまだ大人形飾りが出そろうという風ではなかった。明治末から大正九～一四年前後の第二段として、惣町全体に大人形飾りの制作が追加され、いっせいに出揃う様相が定まったことがわかるだろう。★

佐原型大人形飾り山車が出揃う現在のかたちが決まったのは、明治にはじまり、大正期にいたってだった。伝統の祭りというと、現在のかたちがすでに江戸時代にあったと考えがちだが、そうではない。音曲と踊りの風雅で名高い越中八尾の「風の盆」は江戸時代に始まるが、現在のかたちを作ったのは大正・昭和に入ってからだ。祭りの文化は時代の変化をとりこんでおり、とりわけ町衆の祭りは、人々の時代の文化への意思をはっきりと伝えている。

佐原の町衆の結束は大正期に一つの高揚期を迎えた。これは第一次世界大戦後の経済・文化の高揚とも対応するものだが、東京はこの直後に大震災を受け、さらには世界の金融恐慌の波が押し寄せ、かつての天下祭り以来の祭りのかたちを次第に失っていく。ところが、佐原では、この最も高揚した時にできあがった祭りのかたちを大切に保持し、戦後の復興期を経て、いまふたたびその最高のかたちを見せるに至ったのだ。

●山車群の多彩で多様な展開の華

こうして形成された佐原惣町の山車群の中で、大人形飾りの群とともに、新宿では伝統の人形形式を残す新上川岸＝牛天神、下川岸＝素戔嗚命《すさのおのみこと》、さらに元は「お祓い箱」と呼ばれた組屋台の形式を守ってきた上新町＝諏訪大明神、本宿では仁井宿と八日市場のわら造りの鷹・鯉が存続しつづけた。異なるかたちが組み合わさることで、山車群の多彩で多様な展開の華ができあがった。大人形飾りは確かにみごとなものだが、それだけであってはつまらない。わら造りの飾り物ばかりが揃っても、つまらない。古式の人形の美しさもあわせ、絶妙な全体が装い響くところに佐原山車祭りの独自性があり、それはさらに「のの字廻し」や、山車群の列をなして動くかたち、夜の小野川の音曲と手古舞の情景などの工夫された巡行の様式により、時をこえる祭りの昂揚が創り出されるに至った。

では、なぜ佐原の祭りで、このように他に類を見ない大人形飾り山車のかたちができあがったのだろうか。

その起源は、新宿惣町・関戸郷の山車にあるといわれる。関戸郷では享保一八（一七三三）年から猿田彦命（天狗）を飾っており、その

山車と人形は当時からきわめて大きなものだった。元文四（一七三九）年から昭和九（一九三四）年まで引き継がれてきた天狗★★人形の高さはおよそ七メートル。人形飾り山車全体の高さは一二〜一三メートルにも達したといい、人形の高みにまでのぼると、利根川対岸の「潮《いた》来《こ》が望めた」と伝える。

高さでいえば、京都・祇園祭の山鉾は二五メートルにも達する。江戸の天下祭りでは江戸城門に入るため、笠鉾は心柱からいったん外す必要があったし、山車と人形を共に上げ下げする「せり上げ」の装置を必要とした。佐原の笠鉾・山車は、明治末の電線敷設までは、このような制限の必要がなく、格段の大きさ、高さにこだわりつづけてきた。電線が普及しても、佐原型山車の特性を生かした人形胴体を「提灯胴★★★」にする工夫と江戸の山車とは異なる「せり上げ」の仕掛けにより障害を越えた。佐原だけがひたすら大人形飾り山車の形を追い求めたのだ。その理由は、さらに語られねばならない。

12 伊能忠敬を生んだ町衆の伝統

「香取のうみ」の景観は、伊能本家当主でもあった歌人・楫取魚彦《かとりなひこ》が万葉の声調に託して故郷を詠んだように、古代の風景をはらんでいた。イザナギ・イザナミが天の浮橋から沼矛を下ろし、「しおこをろこをろに」かきなして生まれた陸《おか》は、しばしば洪水に犯されるような生まれ改まる土地であり、そこに町立てした人々はいつも始原の神人の立ちあらわれを、この景観のなかに見たのだ。

山車に載って出現する神人像の高さへの想像感覚は、地から見上げる高さと、自分の眼を山車人形に一体化してそこから見下ろしたり、遠望したりする想像上の視線と、さらに遠望する山車人形の視線の先にある彼方から、自町の山車人形の高さを見はかる想像的視線、これらを全て含んでいる。山車人形に高さを与えることで、このような想像的な「高さの感覚」を手に入れたともいえる。

伊能忠敬が日本全土を実測する偉業をはたした素地には、大洪水によって壊された堤防や用水、水田を再構築するために、測量技術を身につけていたことが背景にある、と言われる。上総九十九里国山辺郡小関村の名主・小関家から伊能家に養子に入った忠敬は、養子という身上そのものがすでに伊能の「家」を客観化する距離感覚を与え、この距離感覚を受けとめながら、伊能家の地位を佐原町衆の高みへと導いた。忠敬は、江戸の店・屋敷との往復の旅を重ね、伊勢参宮や奥州にも旅している。佐原町衆の中での高み、佐原の町衆、農民への配慮と、奥州から西国までの人と物資の動きを掌握できる視線の想像力なしには「日本全図」を実測してつくるという大業はなしえなかった。佐原が「三岔口《さんぶんこう》」都市であったというのはそういうことであり、忠敬の大業を伝えてきた佐原の町衆には、このような高さと距離への想像感覚が培われてきた。

この高さと距離への想像力と対向の感覚が、江戸—東京の山車祭りの中から、最もエッセンスとなるものを選びとったのであり、木製の差車《さしくるま》や欅《けやき》造りの頑丈な山車本体を固持する不器用な意思の一方で、江戸—東京でだけ造りえた「大人形」と、「生《いき》人形」という時代の写実をうつした先端の文化を取り入れ、人形飾りが観る者の頭上に迫るような、江戸三重構造型の山車の比率を超えた佐原二重構造型の大人形飾り山車を創造した。

★★高さ一メートルほどの天狗の首が山車会館に展示されている。この首は従来、大正初め頃に佐原の町絵師・坂本桃淵による作との伝えもあったが、元文四（一七三九）年に造られた天狗の首そのものであることがわかった。詳しくは、新宿「秋祭り」の項でしるす。

★★★提灯の造りと同じように、竹の輪を重ねて造り、そこに和紙などを貼って「胴」を造ったもの。人形棒をせり下ろすと、それにしたがって提灯胴が縮まり、胴の上にかぶせた衣装もこれにしたがって下がる。最初に「提灯胴」によるせり出しの工夫をおこなったのは新宿の「仲川岸」だという。

町衆がつくった「まつり」と「山車」

文化庁文化審議会無形文化遺産特別委員会前委員長　**神崎宣武**

「山・鉾・屋台行事」がユネスコ無形文化遺産に提案（申請）され、このたび指定の運びとなった。こころよりお祝いしたい。

「山・鉾・屋台行事」は、山《やま》といったり山鉾《やまほこ》といったり、山車《だし》といったり曳山《ひきやま》といったり、そして屋台といったりダンジリといったり。それぞれのところでそれぞれの呼称を伝える。

国の重要無形民俗文化財に指定されたものだけでも三三件（平成二七年度現在）がある。「佐原の山車行事」（平成一六年指定）も、そのうちのひとつである。これらを、大くくりにしてユネスコ無形文化遺産に提案し指定の運びとなったのである。

その造形上の形態は、いくとおりかに分かれる。たとえば、鉾や薙刀《なぎなた》を高く立てて象徴する形態、稚児《ちご》や囃子方《はやしかた》が派手派手しく乗りこむ形態、人形や動物などのつくりもの（風流物）を中心に飾った形態などである。その複合型もある。さらに、その飾り方だけでなく、その曳き方にも幾とおりかの型がある。そして、そこには、それぞれの由来や伝承がある。それぞれが語れば、お国自慢に花が咲くこと必定というものである。

佐原の山車に「つくりもの」の祖型をみる

「佐原の山車行事」でのそれは、格天井上の巨大な「つくりもの」に最大の特色があるといえるだろう。とくに、本宿の夏まつり（八坂神社祇園祭）に出る藁《わら》（稲藁と麦藁）でつくった鯉と鷹は、他に類例をみない古式を伝える。

いわゆる仏師や人形師、宮大工などの職人の手による神像や人物像の系譜とは異なるもので、もともとが町（八日市場と仁井宿）の人たちの共同作業による手づくりなのだ。江戸も中期ごろのはじまりと伝わるが、つくりもののひとつの祖型、とみてよいだろう。

なぜに鯉と鷹なのか。それを詮索することにさほどの意味はないが、水中と天空で精気を養い、なかでももっとも美しく回遊する鯉と鷹。古く、人びとがそれに畏敬の念を抱いたことは、想像にたやすい。威風堂々たる鯉と鷹がつくられているのである。

人形類もおしなべて巨大で、しかも多様である。神話にでてくる神々、伝説上の人物など、本宿の夏まつりと新宿の秋まつり（諏訪大社大祭）で二一体（右記の鯉と鷹をのぞく）が現在に伝わる。

「曲曳き」といわれる山車まわしは、「のの字廻し」ともいわれる。さほどに派手なパフォーマンスではないが、町角ごとで曳き手と見物人が一体化する「なじみ」がある。あるいは、江戸に近いところでの素《き》なるものと粋《いき》なるものとのなじみ、といってもよい。

関東では、もっとも大がかりな山車のそろい踏みに相違ない。俚諺に「江戸優り」という言葉があるそうだが、それが佐原の町人《まちびと》たちの心意気というものであっただろう。

農山漁村に比べると、とかく人間関係が希薄である、とされる町場。しかし、だからこそ、まつりが重要だった。

なかでも、町中を練り巡るにぎわいが重要だった。それには、神輿《みこし》もさることながら、さらに大がかりな山車が必然であった。

目印としても自慢としても、より大きくより高く、またより美しく。町内会ごとに競うのも必然であった。

それによって、人びとは、気分の高揚を共有できたのだ。それによって、「なじみ」がはぐくまれもしたのである。

「佐原の山車行事」については、もちろん本編に詳しいので、これ以上はふれないでおく。

「山」にこそ民間信仰の元がある

山車や屋台などの「曳車《ひきぐるま》」に飾ったつくりものは、神の依代《よりしろ》である、と説かれることがある。それを否定するものではないが、その説は、少し飛躍がすぎるようにも思える。

その説を固めるのに、段階を踏む必要がある。

まず、神輿《みこし》と比較してみなくてはならない。神輿には、神社から御神体が移される。と、いっても、本殿の御神体を移すわけではなく、その分御魂《わけみたま》が移されるのだ。それを、通俗的に御神体といっているのだが、そこでは「御魂移しの儀」（神事）が執り行なわれているはずである。

その御魂移しの儀が、曳き車の多くの事例では行なわれていないのだ。

しかし、山鉾にしても、山車、曳山にしても、そこに「山」を冠している。単にヤマ（山）という場合も多い。そのことに、あらためて注目しなくてはならないだろう。

ここでいう山とは、「御山《おやま》」を写してのことなのである。

日本各地に霊山と見立てる御山があり、そこに庶民の御山信仰がある。

その御山に座《ま》しますのは、「山の神」。古くから、人びとは山の神を崇めてきたのだ。たとえば、歳神《としがみ》も田の神も水の神も、山の神が一時転じたものとする信仰が広く分布をみる。そして、季節ごと必要に応じて山からの神降ろしの行事をおこなってきた。正月における歳神の「松降ろし」（その松が門松として飾られる）のごとくにである。

それは、神社に神を祀るより以前の原初的な信仰である。たとえば、『出雲風土記』に「上頭《みね》に樹林《はやし》あり。此《こ》は則《すなわ》ち神の社なり」と記されている。また、三輪山（奈良県）を神体山《しんたいざん》とする信仰は、『古事記』などからして、大和政権以前からみられたことが明らかである。現在でも、大神《おおみわ》神社には本殿が存在しない。

やがて、山を背景にするかたちで神社が建立されるようになる。また、仏寺も造営されるようになる。そのときに、神社は鎮守の森を、仏寺は山門を備えた。古来の御山信仰にちなんで山を模しての習合、というべきであろう。

御山は、神体山、神奈備《かんなび》山とも称されるもので、孤立山である場合が多い。山容が美しく、緑たおやかである。人の入山を拒否するものではないが、山の幸を得るのは山腹部までで、山頂部は神の領域として祭礼のとき以外は立ち入らなかった。

この御山信仰は、とくに農村社会で発達をみた。田植えどきに山の神を田の神として招く予祝儀礼が各地に伝わるのが、そのことを如実に物語っている。また、かつては、雨乞いの儀礼も、御山に登り、山の神を水の神の元としてなされていた。

夏祭り、手作りの造り物の伝統を伝える鷹と鯉の山車

八坂神社「祇園祭」記念撮影、2015 年夏。本宿の住民は、神輿巡幸が「附け祭りの山車巡行以上に大切」という

諏訪神社「佐原の大祭」。神輿への「御魂移しの儀」(写真上・右下)

神輿巡幸にしたがう榊(さかき)

海村も、御山を崇めてきた。もっとも海に近い御山が「岬《みさき》」である。

全体的に山がちな日本列島では、山が海岸近くまでせりだしているところが少なくない。そのなかでも、海べりに突出した小山を岬と呼ぶ。ただの陸地の先端《さき》ではない。それに「御《み》」を冠しているのであるから、神の依《よ》りつくところなのだ。これも、神体山・神奈備山の類に相違ないのである。

和船ともいわれた漁船は、一般に岬がのぞめる範囲を漁場とした。沖行く船は、岬を見ながら航行した。そして、江戸時代までの日本では、岬への信仰も各地で発達させていたのである。

昔むかし、御山は神々が集《すだ》くところであった。原始、山の神はある種万能神であった。その御山信仰が曳き車にも投じられている、と想定することができようか。

とすると、京都の祇園祭にみられる「山鉾」がもっとも顕著にその祖型を伝えている、といわなくてはならない。鉾は、その形が山の峰に通じる。鉾を立てる、ということは、いかにも神を招くのにふさわしい伝承なのである。

神まつりでは、よく幟《のぼり》が立てられる。また、畿内から中国地方での伝承例は、オハケという御幣をとりつけた竹や杉柱が立てられる。信州地方での御柱《おんばしら》立ては、諏訪大社のそれに代表され、よく知られるところだ。そうした降神の装置は、より高くつくられる。それも、御山を意識してのことに相違あるまい。

「置山」が「曳山」となった。それによって、町や村を、家々を巡るようになった。たしかに、古くはそこに神も勧請して。一般には江戸時代とされる神輿の普及よりも古い、といわなくてはならない。

それが、趣向をこらしたつくりもので飾り、時代とともに華美を競うようになった。多くは、社会と経済が安定をみた江戸も元禄（一六八八〜一七〇四年）のことであった。ここに、そのような歴史がたどれるのである。

都市のエネルギーがヤマを華やかに飾った

山鉾や山車などの巡行は、三三件が都市のまつりとして定着をみた。次に、そのことに注目しなくてはならない。

国指定の重要有形文化財（三三件）のうちでも、三件をのぞいて二九件が市街地においての巡行なのである。ちなみに、ここでのぞいた三件は、愛知県津島市・愛西市の車楽舟《だんじりぶね》行事、愛知県蟹江町の車楽船行事と三重県四日市市の鯨船《くじらぶね》行事である（表記は、国の重要有形民俗文化財の登録名にしたがった。以下も同じ）。港での船渡御《ふなとぎょ》に準じるということで外したが、農村とは違って、そこも町場であるので、三三件すべてが都市型としてもよいかもしれない。

都市のまつり（山・鉾・屋台行事）の代表的なものが、祇園祭でのそれである。京都の祇園祭（山鉾行事）のほかにも博多祇園（山笠行事）・戸畑祇園（大山鉾行事）・日田祇園（曳山行事）が同類である。また、尾張津島天王祭（車楽舟《だんじりぶね》行事）も、祇園祭系のまつりである。そのほかにも、各地の町場で祇園祭が数多く伝えられている。

これら祇園祭系に共通するのは、夏に行なわれることである。ひとり祇園祭のみならず、東京の山王祭《さんのうさい》・明神祭・天神祭、大阪の天神祭、長崎のオクンチ（御九日）など、都市部には夏のまつりが多い。

それは、ひとつには「疫《やく》（厄）除け」を主眼としているからである。京都の祇園祭の場合は、御霊会《ごりょうえ》から発している。祇園御霊会、略して祇園会という。

古く、日本の信仰では、火災や疫病などの疫災は非業の死をとげた人の怨霊《おんりょう》のたたりである、とされた。とくに、火災や疫病をおそれるのは、人家の密集する町場である。そこで、怨霊をなだめ、災害をまぬがれんがためのまつりを行なう。そのひとつが、御霊会であったのだ。

そのなかで、京都の祇園社（八坂神社）は、貞観一八（八七六）年に牛頭《ごず》天王を勧請したのがはじまり、とされる。牛頭天王は、もとは天竺《てんじく》の祇園精舎《しょうじゃ》の守護神、あるいは新羅《しらぎ》の牛頭山の神ともいわれる。そして、日本では、素戔嗚尊《すさなおのみこと》にあたる、とされる。

祇園社に勧請された牛頭天王は、その神像があばた顔で描かれるようにもなった。疫病のなかでももっともおそれられていた疱《ほう》瘡《そう》（天然痘）封じの神として崇められるようになったのである。疫病を避けたいという心情は、平安の都に住む人びとにとって、貴族であれ庶民であれ共通の願望であったに相違ない。そして、それは、以来千年以上にわたって、日本の都市のまつりの主眼として伝え続けられてきたものでもある。

その京都の祇園祭に山鉾が加わるようになった。長徳四（九九八）年のこと、と伝わる。主祭神だけでなく八百万《やおよろず》の神々を招いての「除災」に加えて「招福」のまつりへと拡大していくのである。

やがて、江戸時代になると、山鉾の曳車が派手に飾りたてられるようになる。

そこでは、経済的な裏づけをはからなくてはならない。そのことは、ひとりこの事例のみならず文化の伝承・持続についての当然の視点というものである。

端的にいうと、その町場ごとに旦那衆の経済力がいかにあるかである。とくに、幕藩体制が安定した江戸の元禄以降は、各地の町場を中心に家内工業や商業活動が発達。そこに、分限者《ぶげんしゃ》（金持ち）が出現するのである。それは、農山漁村よりも都市部に多く輩出をみたのは、いうまでもないことだ。その旦那衆たちが、町のまつりに多大な寄付をするようになったのである。その記録も、各所に残存する。しかし、ここではそれにはふれない。

山鉾や山車などの曳車が巨大になったり華美になったのは、そうした旦那衆たちの経済的な支えがあったからこそ、といわなくてはならない。もちろん、一般の町衆の経済力や出夫力も無視できない。それを含めての、都市部ならではの経済基盤としておこう。総じて、都市のエネルギー。それが「山・鉾・屋台」を大きくも華やかに飾ったのである。

そして、そのことは、カーニバルに代表される世界の都市のまつりに共通することでもあろう。

それが現代にまで維持できるのも、都市の「底力《そこぢから》」というものである。

（旅の文化研究所所長・文化庁文化審議会専門委員・
文化審議会無形文化遺産特別委員会前委員長）

佐原の大祭——その背景にあるもの

国立社会保障・人口問題研究所所長　森田　朗

佐原を訪れるようになったのは、いつからだろうか。

小野川沿いの、江戸情緒を漂わせた町並みは、コンクリートと自動車に満ちた都会の喧噪から解放してくれる。そうした癒やしを求めて、私は二〇年以上前から、年に何度も佐原を訪れてきた。

佐原の魅力は、何と言っても江戸時代か明治の初期を彷彿とさせる町並みにあるが、そうしたハードの魅力だけならば、日本には、同じように魅力的なところはたくさんある。

私が何よりも佐原に惹かれるのは、そこに実際に住む人々の生活の息吹を感じさせてくれるソフトのまちづくりがあるからである。

伝統的な建物の前に置かれている四季折々の花や、佐原でしか味わえないしゃれた食べもの。それらがバラバラにではなく、一貫したテーマの下に配置されている。

佐原の町にはそうしたソフトの魅力が多数あり、何回来ても、来るたびに新たな発見がある。それを見つけたくて、また訪れたくなる。そうした佐原の魅力の頂点にあるのが「祭り」である。

若干固いことをいえば、観光とは日常からの脱出である。それには、私たちを空想の世界へ連れて行ってくれるテーマパークもあれば、かつての古き良き時代を呼び起こす町の風景もある。日本人のノスタルジーを呼び起こす時代劇の背景に相応しい佐原の町並みは、まさにわれわれを非日常の世界に誘ってくれる。

今日、「地方消滅の危機」が叫ばれ、「地方創生」が謳われるごとく、少子・高齢化、人口減少が進行する時代に、こうした原風景は日本の各地からだんだん消えつつある。そうであるがゆえに、そうしたかつての風景に多くの者が惹かれるのである。

その魅力も、作られたよき時代の再現ではなく、実際にその地で暮らす人々が、力を合わせて地域を支えていこうとしている現実が存在するとき、格段に増す。

佐原では、いつ来ても四季に応じた情景が見られ、そのときどきの地元の食べ物を味わうことができる。こうした地域の共同体の生活、人々の「絆」の頂点にあるのが年に二度の祭りなのだ。

祭りのとき、老いも若きも集い、他の町内に負けないように協力し合う。何か月も前から佐原囃子の練習をし、山車を飾り付け、おそろいの浴衣や着物を誂えて、祭りの当日に備える。

祭り当日には、わが町内の山車こそ一番とばかりに、佐原囃子を奏で、曲がり角では「のの字廻し」の技量を競い、力を合わせて山車を引きまわす。他の町内の山車と街角で出会ったときには、それぞれの代表が、自分たちの方が先だと主張して言い合いをする。

こうした言い合いは、ともすればケンカとなり、後味悪い結末を残すことになりがちだが、佐原では、その言い合いの仕方にも古くからのしきたりがあり、いかに激しても、秩序正しく勝ち負けが決められるそうだ。

子どもや、若者たちは、町の年長者のそのような作法を学び、共同体における生き方、社会生活のルールを学んでいくという。

まさに、孤立化が進み、人間関係が稀薄になってきている現代、若者が年長者の行動を学び、違う考え方の人たちとの共存のあり方を身に付ける自然の機会が、この町では維持されているといえようか。

今や失われつつあり、ますます大事にしていかなくてはならない地域共同体のあるべき姿を、私は佐原の祭りを見、その運営の仕組みついて聞く度に感じている。

これからも、乾いた都会に疲れたときはいつでも、癒やしを求めて佐原を、とくにその祭りの季節に訪れることにしたいと思っている。

香取市合併10周年記念「特別山車引き廻し」。「通しさんぎり」の儀礼

香取市合併10周年記念「特別山車引き廻し」。忠敬橋を渡る

上中宿

香取市合併 10 周年記念「特別山車引き廻し」。2016 年 4 月 24 日（日）、小野川両岸に、はじめて本宿・新宿の山車が揃う

受け継がれる町衆の自治

千葉大学法政経学部教授　関谷　昇

●祭りのダイナミズム

佐原の祭りは、上部には大人形を、下部には佐原囃子を演奏する下座連を載せ、様々な飾り物や彫刻などによって彩られた山車た豪壮であり、それが町内衆によって曳き回される様子に、多くの人々を魅了し続けている。佐原の祭りに一度でも訪れれば、曲曳きの優雅さや、祭りに携わる人たちの活気に惹きつけられるだろうし、江戸期から続く伝統や慣習に思いを馳せれば、他とは異なる佐原の独特な存在感、「江戸優り」という地域の誇りに圧倒されるだろう。

そうした経験をする中で、ふっと立ち止まって考えてみたくなるのが、この祭りのダイナミズムは一体何によって支えられているのかということである。この問いに対する答えは様々なものが考えられるだろうが、その中でもとりわけ注目したいのが「民衆の自治」という視点である。この力が受け継がれているからこそ、佐原の祭りは固有の輝きを放っていると思われるのである。

●歴史的に育まれてきた地域自治

改めて言うまでもなく、佐原という場所は、かつて利根川水運を利用して東北や関西と江戸とをつなぐ交通の要衝だったのであり、食資源を中心とした有数の商業拠点であった。商業の精神というものは、洋の東西を問わず、「自立」を基礎とするものである。自立への気概こそが都市の自由と個性を守るのである。それゆえ、人や物資、文化や技術の流れをつかみ、「地域」をそれらの結節点としてとらえてきたことは、佐原における経済力や文化力の創造につながったのであった。それが地域としての誇りを育み、その求心力を築き上げていったのである。

しかも佐原の場合、長きにわたって幕府直轄の一元的支配を免れ、旗本の分郷支配において「組」を中心とする多元的な秩序が形成された。それは、有力町衆の主導性と惣町の自治を切り拓いたのであり、地域単位のまとまりと地域間の緊張関係こそが、結果的に佐原の強い結束力を作り出す基盤となったのであった。惣町鎮守の祭祀は住民の生活基盤に外ならず、その上に築き上げられた祭りは、財力や労力など、それぞれの立場でできることを持ち寄っていく、そうした町衆の立体的な自治力に立脚しているのである。

●生きられる空間

もっとも、こうした自治力とは、単に人間の営みを以って自己完結するわけではない。佐原の山車の上には、人像の神と生き物の神が載せられているが、それはまさに自然信仰の具体的な表現である。自然と人間が織りなす「生きられる空間」、その中で自然を崇め、土地を開拓し、商業を営み、町を治め、生活をする。それらが互いに結びつきながら、生と死を問うていくことが日本の伝統的共同体観であり、何よりも自治の原型なのである。佐原の祭りは、そうした意味での原型を自分たちなりに受け継ぐ連続線上にあると言える。

確かに、自然に対する関わりは、時代とともに大きく変化して

いくであろう。しかし、旧さと新しさとの交錯は、その原型をめぐる苦闘なのであり、そうした試行錯誤こそが、その変化を「本物」にし、町衆の自治力を通して、固有の魅力を作り出しているわけである。祭りの継承とは、その意味で自分たちのあり方を模索する契機にもなっているのではないかと思う。

いま、佐原のまちづくりは協働の力を以って多角的な発展を遂げようとしている。そこで問われているのは、この原型をめぐる苦闘と模索が、さらに多様な資源を拓き、それらを紡ぐ原動力となっていくかどうかである。佐原の祭りが、様々な立場や世代の知識・技術・財力・気骨・配慮の交わりによって成り立っているように、このまちが「生きられる空間」として魅力あふれる場であり続けていくことを願ってやまない。

↑秋祭り、３日目の日曜午前９時、はげしい雨足の中、佐原駅前での「お迎え」に向かう。緊急警報以外、祭りはやめない↓

帰りたい場所

女優・脚本家・作家
中江有里

秋の大祭の二日目、山車の後ろについて歩いていたら、法被姿の若連に山車を引くように誘われた。一瞬迷ったが「こんな機会に二度とない」と思い切って参加した。手渡された太い綱を「えいっ」と力任せに引っ張ってみたが、山車にビクともしない。さっきまでゆったりと順調に動いていたのに。

大勢の若連の声と、笛や小鼓の音が澄んだ秋の空に響き渡る。山車は動きそうで動かない。若連は懸命に曳いている。

秋祭りの間、下新町・菅井家に飾られた福田萬吉作「浦嶋太郎」の頭（かしら）の真作。多くの町では、平年の山車には複製の頭が載せられ、3年に1度の本祭りに限り、真作が山車に載る

佐原の大祭は、夏は八坂神社、秋は諏訪神社の神事祭礼。山車は本来移動する宮座で、五穀豊穣を祈る意味もある儀式だ。神聖な儀式に「遊び半分で紛れこむな」という神さまのお叱りか、と不安になってくる。

あきらめずに綱を引っ張っていたら、山車の車輪が鈍い音をたてて、ゆっくりと前進しはじめた。ホッとしたせいか、佐原囃子の楽器がひときわ大きく聞こえた。

中江有里さんとともに（大祭り）

「浦島は、おれの先祖をモデルに作った」

浦島太郎の大人形が飾り付けられた山車を見上げながら、「浦嶋」と背中に大きく記された法被姿の長老は言った。浦島太郎はおとぎ話の登場人物で実在していない。いない人物を形にするためには、モデルは必要だっただろう。亀との別れを惜しむ浦島太

山車上には町内の少年たちが乗り、扇子で舞う（秋祭り）

郎の目は潤んでいて、別れの切なさを伝えてくる。そんな浦島太郎を身内のように見つめる長老の横顔は、端正な顔つきの浦島太郎に似ているような気がした。

夏は一〇台、秋は一四台の山車がそれぞれの大祭に出てくる。歴史や神話上で知られる人物を材にとった大人形は、離れたところにいても顔が見分けられるほど大きい。電線が行く手を阻む場所では、人形を浅くお辞儀させるように手動で操作して電線をくぐる。そうして難関をクリアしたら、また人形を元の大きさに戻す。人形を電線の架からない高さに作り替えればよさそうなものだが、そうはしない。

昔の面影残す佐原でも、時代の流れで建物は増え、電線はあちこちに張り巡らされている。でも昔の写真を比べて、大人形はさほど変わっていない。人間の寿命は伸びたけど、今生きている人は一〇〇年後にはほとんどいなくなっている現実を踏まえると、変わらず続いている祭りはそれだけでも貴重だ。

そして佐原の大祭は、ただ伝統を守っているだけではなく、意外性を保ち続けている。目玉である山車の「のの字廻し」も豪快で見ているだけで胸躍るが、若連から「山車のしめ縄や提灯をなるべく揺らさないよう、なめらかな動きを心がけている」と聞いて驚いた。荒っぽく見えるが、かなり注意深く曳いているのだ。

意外なのはそれだけではない。人形は「人の形」と書くが、通常は人より小さく作る。しかし佐原の大人形は、人間より数倍大きく作られる。水郷佐原山車会館の二階展示室からは、一階に展示されている山車の大人形が目の高さで見られるが、外で見上げるだけではわからない人形の微妙な表情がよく見えた。山車と周囲の彫り物は宮大工と彫刻師が手がけた美術品。そこに佐原囃子の音が加わると、まさに動く美術品で、まさに動くオーケストラ。それが佐原の山車であり、総じて佐原の大祭である。

そしてなんと言っても、祭りに参加する人々が楽しげだ。小さな子どもたちが揃いの法被姿で山車の周りを駆け回っている。女衆は髪をキリリとまとめて、手踊りを披露する。若連は汗をにじませて力強く山車を曳く。

かつての若連たちは先導役として、山車同士がすれ違うときにトラブルが起きないよう、若連たちと山車を見守っている。

だれもがそれぞれの役割をこなしながら、一体となって祭りを盛り上げている。

ふと佐原が故郷だったら、と想像する。幼い頃から夏と秋の大祭に、それぞれのサイズに仕立てられた法被姿で参加するのは、よい思い出になるだろう。たとえ進学や就職で佐原を離れたとしても、年に二度は故郷に帰る理由になる。どこかで祭りの話をして「実際に見てみたい」という人がいたら、連れて来たっていい。百聞は一見にしかず。佐原の大祭が好きになるはず。

実はわたしも人に誘われて、これまでに二度、佐原の大祭にやってきた。

一度目は山車の大きさや壮大さに見入っていたが、二度目に来たときは、なんとも懐かしかった。既視感があるからではなく、祭りを楽しむ人たちの表情が懐かしく感じられた。

晴れ着姿の少女たち（夏祭り）

賑やかな大通りも静かな路地も、生活の場でありながら、この時ばかりは大舞台になる。住民たちは我が舞台で山車を曳き、誇らしげに闊歩し、久しぶりに会った昔なじみと旧交を温めている。

祭りは町の外から人を呼び、故郷から離れた人を呼び戻す。佐原は帰りたい場所になる。

山車を曳く少年と少女（夏祭り）

曳き子姿の少女たち（秋祭り）

海外の若者も参加して（夏祭り）

鎮守町内をまわる巫女さん（秋祭り）

新宿・秋祭り——佐原の大祭

諏訪神社本殿で山車巡行のお祓いを受ける

諏訪神社の神前に並んだ山車町当役

諏訪神社、神輿上の鳳凰が稲の初穂を銜（くわ）える

巡行に先立ち神社境内に据えられた御神輿

神輿巡行にしたがう諏訪神社各町、氏子代表の面々

忠敬橋でおこなわれる諏訪大神「浜降りの神事」

忠敬橋たもとのお旅所での神事

秋祭り第３日、神輿は早朝から丸１日をかけて全氏子町内を廻り、帰途につく

13 新宿・諏訪神社の創建と祭礼――触頭と巻軸

●神輿の発輿と神幸還御の行列

香取市佐原は、北側が利根川に面し、市街地を流れる小野川べりを中心に利根川水運の要衝として発展した都市だ。後背台地は町の南西から南にかけて帯をなし、東側にはすこし離れて香取神宮の鎮座する台地が広がる。諏訪神社は市街の南西に帯をなす台地（山）西寄りの山上に鎮座する。この台地は諏訪神社が鎮座してからは「諏訪台」と呼ばれるようになった。興味深いことにグーグルアースで、諏訪神社から香取神宮まで直線を引いてみると、ほぼ西から東に伸びる線の中間付近に、本宿の香取神宮入口交差点が目にとまる。伊能家が諏訪社を台地上に遷座するにあたって、香取神宮と対位する地を選んだのであろうか。ともかくも、諏訪台一帯は佐原の町を見下ろす諏訪神の聖なる山となった。

新宿・秋祭りは、祭りの第一日早朝に新宿の氏子各町の代表が諏訪神社神前に集って祈願をおこない、そののち御榊と鉾を先頭に神輿巡行がはじまり町へとくだる。神輿の巡幸路は本殿に向かって左横手にある鳥居の道を台地沿いに進み、かつては「天王臺」とよばれていた奥社地（忠霊殿とともに、本宿・八坂神社の元宮がある。いまは佐原公園となっている）の横を通り、「諏訪上」、「上宿台」を経て、ようやく山を下り、法界寺横の香取街道に出る。そこは上宿であり、そのまま、まっすぐに進んで忠敬橋上で「お浜下り」の儀式をおこない、橋たもとの「御旅所《おたびしょ》★」にたどりつく。

諏訪神社正面の参道は、西関戸の一の鳥居から正面の台地に向かった道を進み、二の鳥居からは、ほぼ直登といってよい急階段をのぼりつめなければならない。中段で一休みすると、そこには社務所と泉、市守社、水神社などの社祠があり、二代目伊能権之丞久胤が最初にここに諏訪神を祀ったという。そのすぐ上にもう一つの休み場があり、金毘羅神社、大成稲荷大明神の社がある。最後の急段をのぼりつめると、そこに諏訪神社の本社殿が建っている。

本社殿に向かって左手にも鳥居があり、これをくぐった下手右に酒の神・松尾社祠と山峯社祠、道の左手にも二つの社祠がある。神輿はこの道を下って、左に折れすこし上るとかつての「天王臺（字・天王宮）」に至るが、道を下って右手の道をたどれば、諏訪神社の駐車場を右にみながら、カーブして、急階段下の二の鳥居の横手に降りられる。神輿はここを下ってもよいのだが、そうはせずに「諏訪台」から「天王宮」をたどり、「諏訪上」をへて「上宿」に下りている。発輿の順路には何か意味があるのかとおもったが、どうもそうではないらしい。先の神輿順路は近年になって決められたものだという。

神輿は祭りの一日目に忠敬橋たもとの「御旅所」に入って、祭り三日目の朝まで鎮座するが、三日目の神幸祭では、朝から御旅所を出発して、氏子町を全てまわる。諏訪神社の氏子町は市街の拡大につれて大きくなったから、神輿還御の行列は、佐原駅北側の水郷町、水郷大橋町までの広い範囲をまわり、夕刻暗くなり、高張提灯に灯を燈してようやく神社に還御し、最後に「奉還の儀」がおこなわれる。神社への帰途の行列は、西関戸から入り、本社殿裏手の駐車場横の道を通って本社殿の庭につくから、一日目の発輿の順路とはちがっていた。三日目の還御の行列では、諏訪上、上宿台の台

★新宿諏訪神社祭礼中の御仮屋は、上宿、下宿に隔年ごとに置かれた。明治一〇年、下宿と下分の堺に改正された。現在は、四氏子連合会の輪番制で、山車引継ぎ行事場所に近く、参拝に安全と便利な場所が選定され、当初定められた、上宿、下宿隔年の輪番町の了解を得て決定されている。

地上の町は順路に入れにくいから、発輿の順路のうちに済ませてしまったほうが楽だったのか。もう一つ、理由らしい実感をいえば、この山一帯が諏訪神の聖域で、そこから町にまっすぐに降りてくる「神の道」の風水感覚を刺激した、といえるかもしれない。

　諏訪神社の氏子町は大きく広がったため、氏子会は第一から第四まで、四つの「地区連合会」をもち、発輿・還御の行列では御榊、鉾についで御神輿（車台に載っている）、宮司の輿（人力車に乗る）の列がつらなり、その左右に、一二二の氏子区（町）の役員・委員が高張提灯をもってつき従う。この神輿巡幸の祭礼は二年ごとに年番町を交代しておこなわれる。第三日の神輿還御ののち、次の年番への引継ぎがあるときには、「神輿年番引継行事」がなされる。

●別当寺・諏訪山荘厳寺

　諏訪神社の奥社地といわれる「天王臺」（佐原公園）をすこし下ったところに諏訪山荘厳寺（本尊は聖観音だが、合わせて不動明王を祀る）がある。荘厳寺が「天王臺」に移ったのは戦後の昭和二七年（昭和二六年とも）。元は北横宿にあり、近世には諏訪神社の別当《べっとう》寺だった。明治初年の廃仏毀釈で廃寺に瀕したが、横宿大和屋佐藤要助の尽力で越後国蒲原郡菅谷の里の菅谷《すがたに》不動尊を勧請して、明治一八年に堂宇を再建した。

　佐藤要助はまた、香取神宮別当寺・金剛寶寺の本尊・十一面観音像が同じく廃棄されかかっていたのを助け出し、荘厳寺に寄進した、という。この像は荘厳寺の収蔵庫に安置されており、前もって申し込めば拝観できる。欅の木造で平安時代藤原期の作とされるが、一木彫成の、内にこもる気が充溢した身体感は、平安前期の趣きさえある。像高は三・二五メートル、人の背丈の高さの二倍近くもある。山車飾りの大人形をみてきた印象を重ねれば、このように大きい人像彫刻がこの地にあったことにも心惹かれる。東国で、これほどの仏像は少ないのではなかろうか。荘厳な作であり、国指定重要文化財に指定されている。筑波から常総の水郷地域で、大きな木彫造像をあえて探すなら、茨城県の霞ヶ浦湖岸、美浦村にある一木彫成の薬師如来像（室町時代作）や、筑波の立木観音像などがあるが、元・金剛寶寺本尊の十一面観音像の威容はこれらに優るだろう。

　荘厳寺は伊能家の菩提寺・牧野の観福寺（本宿南側の台地にあり、千葉氏の祈願所だった。香取市域に多くの末寺をもつ中本山の巨刹）の末寺であり、伊能権之丞が諏訪神社を「諏訪臺」に勧請するにあたって別当寺として復興したとおもわれる。伊能権之丞家文書に次のような記事がある。

〈伊能権之丞家文書〉「諏訪大明神由来候ニ付所々旧記之写并先祖代々祭事取極議定申伝之控」、「一往古事者相訳り不申候得共諏訪社有之、則別当ハ荘厳寺相見慶長年中ゟ諏訪山荘厳寺与申候」（『佐原山車祭調査報告書』佐原市教育委員会、平成一三年、一一二頁、傍点は筆者）

〈伊能茂左衛門家文書〉「明治　佐原年表」の宝暦四（一七五四）年の項に、「荘厳寺前々房席ノ所六月一寺格ニナル、山号諏訪山ト称ス、此時住職乗焚代」とあり、頭注して「本宿ノ鎮守天王宮、新宿ニ宮柱建チ在シセツワ、荘厳寺別当ニテモアリシヤ、今モ本宮ノ地ワ荘厳寺持地ナリ」（同前、一七五頁、傍点は筆者）

〈権之丞家文書〉は、荘厳寺が伊能氏の創建ではなく、すでに慶長の頃からあり、諏訪大明神を祀っていたとある。だが、この社はどうなったか。また、どこにあったのかは、この文書だけではわからない。この不明な部分と〈茂左衛門家文書〉とをつきあわせるとおかしな事態に直面する。元々「新宿天王臺」にあった「牛頭天王社」の社地は「荘厳寺」の持地だというのだ。「頭注」はそこで仮説を立てている。「牛頭天王」の「本宮」も「荘厳寺別当ニテモアリシヤ」というのだ。これはどういうことだろうか。「頭注」にしたがい、「牛頭天王本宮」(元宮)の別当が荘厳寺であったとすると、「諏訪山荘厳寺」という名称はあまり適切とはいえない。近世のはじめ、佐原村では「牛頭天王宮」のほうが鎮守とよばれるに値するほど信仰されていた。それなら「天王山」とか「牛頭山」とかの名称がふさわしいだろうが、そうはなっていない。「牛頭山」という名称は越後など各地に残っている。これを踏まえながら考えられる想定は、三つほどある。

一つは、今の「諏訪上」付近に「諏訪神」の社があり、荘厳寺の持地だった。「諏訪山」とは「諏訪上」付近を指し、荘厳寺はこれとは別に隣りあう「天王臺」に「牛頭天王宮」をもっていた。二つの社はともに荘厳寺別当が管掌していた。

二つ目の考えは、「天王臺」に牛頭天王宮があると共に、「諏訪神の社祠もあった。この二つは「荘厳寺」の持地だった。荘厳寺の山号は、慶長の頃から「諏訪山」だったのではなく、宝暦四(一七五四)年に正式に「諏訪山」の山号が認められた。これは、権之丞家によって諏訪臺の頂きに「諏訪大明神」が営まれてのちのことにすぎない、というもの。

三つ目の考えは、慶長の頃、すでに北横宿付近にあった荘厳寺の境内に諏訪社の社祠があり、祀っていた。荘厳寺はこの祭祀により、佐原の後背台地を諏訪山と呼んだのではなく、山号として「諏訪山」を名乗っていたにすぎない。荘厳寺に眼をつけた伊能権之丞家は、荘厳寺の諏訪社祠と取替えに伊能村から氏神・諏訪大明神を遷座して「諏訪臺」の中腹、ついで山上に祀った。さらに、「天王臺」にあった「牛頭天王宮」を新宿から本宿に移して、本宿の鎮守とするために、遷座をおこない、「天王臺」の社地を買い取って荘厳寺の持地として、他の用途に使われないように「本宮(元宮)」の宮地として保全した。

可能性からいえば、二つ目と三つ目、とくに三つ目が妥当とおもえるが、判断は控えたい。ただ、いずれの想定にも共通するのは、神の鎮座、遷座に思案をこらしている伊能権之丞家のすがたであろうか。町立てに際して、鎮守をいかに立てるかがとても重大なことが、ここからうかがえるだろう。

ただ、不思議なことに〈伊能茂左衛門家文書〉が頭注に記した荘厳寺の持地「天王臺」にいま、荘厳寺が再建されていることだ。明治以後の土地台帳を確認する必要がありそうだが、荘厳寺はいま立派なたたずまいを見せて、この地に建っている。

なお、荘厳寺の親寺・観福寺には、香取神宮に奉納された本地仏、四体の丸彫に近い銅製懸仏があり、これも国指定重要文化財に指定されている。これらも明治の廃仏毀釈に際して、佐原の人たちが引き受け、寄進したものという。

荘厳寺境内の石造物、山を下った上宿の法界寺境内、あるいは忠敬橋手前、下分《しもわけ》裏手の薬王院観音堂など、市街と周辺の寺院墓地にみる石造物には、寛文・享保の供養石仏から天保飢饉時の供養塔まで、往時の江戸文化の流れを感じさせるものが多い。さらに遡ると中世の「下総型板碑」が各所に残存しており、これらにも、この地域の独自性がうかがえる。寛文期の供養石仏は東京ではもはや数少なくなってしまった。現世のただ中にあらわれた優しさと美しさを漂わせる女神のような菩薩像は、石造の人像造形の一つの達成点であり、山車飾り人形の造形とともに、左京が残してきた大切な文化であろう。

二〇一五年の秋祭りでは、第二日の午前、この街道に新宿物町の全ての山車が諏訪山に相対して一直線に並び立った。法界寺裏手の山、奥の院に登ると山車列が遠望できるとともに、家並みの彼方に香取神宮付近の台地と森がゆったりと広がっている。

●神輿巡幸路の変遷

じつは江戸時代、諏訪大明神の神輿巡幸は、諏訪神社の社前で神輿にご神体を移し、山を下りたのではなかった。神輿は北横宿にあった荘厳寺に置かれ、そこから氏子町内を巡行した。では、現在みるような本殿から御神輿への「御霊《みたま》（代《しろ》）移し」はどのようにしたのだろうか。これをうかがわせるような記録が伊能権之丞家文書にある。

〈伊能権之丞家文書〉「鎮守諏訪大明神八月御祭礼古例控／一毎年八月朔日関戸町ゟ惣町江廻状差出し、其夜猶庄厳寺一同相談之定日／一同廿五日関戸・横宿両町致世話御神輿飾附、両組役所申出一同御倶ニ而御神輿社内持参り、別当庄厳寺御神体奉移直ニ上宿・下宿隔年ニ而御借殿江奉納候事、其節両組ゟ御備御神酒上ル、我等方ゟ御備御神酒高張壱対差上ケ来り候得共、暫之内相休御神酒計上ケ候事、外氏子之内家々心持次第上ケ来り候例ニ御座候／一同廿六日御旅所夜宮／一同廿七日当日者壱番ゟ順ニ祢り物御先立ニ而御神輿行例《ママ》榊獅子別当村役人其外明神由緒有之候、重立候家人々麻上下ニ而御供致来り候事／（以下略）」（同前、一一六頁、傍点は筆者）

この文書で、横宿は庄厳寺（荘厳寺）が所在するところ、関戸町はこの当時「永代触頭《えいたいふれかしら》」として祭りを先導し、神輿巡幸の先頭に置かれた祢り物（練り物）行列の壱番を務めたから、この二町でまず神輿の飾りつけがおこなわれた。その上で役所に届けて、神輿を諏訪大明神の社に運び、「庄厳寺別当」が「御神体」を移し奉り、ただちに上宿と下宿が隔年ごとにつくった「御仮殿」（御旅所）に神輿を移した。翌日は「御旅所」での「夜宮」。翌々日の二七日が神輿巡幸だった、と記している。当時、神輿殿は荘厳寺にあった。別当寺から神社に運ばれ、「御霊《みたま》（代《しろ》）移し」がおこなわれて、「御旅所」に運ばれた。

明治二年、神仏混淆《こんこう》の禁止により諏訪大明神別当の荘厳寺、牛頭天王社別当の清浄院は共に廃寺となり、明治一〇年、荘厳寺にあった神輿殿は下宿と下分の境の「神輿仮殿」に遷され、そののち、さらに神輿殿は諏訪神社に遷された。それからの祭礼では、まず氏子当番町が御霊《みたま》移しを終えた神輿を町内に運び、そこから全氏子町が参加して御旅所への巡幸をおこなっていた。この神輿巡幸の仕方が明治から戦後もずっと続いていた、という。

神輿巡幸はこのように変化したが、大きくちがったのは、「附祭り」のほうである。江戸も後期には、「練り物」の祭りが神輿の祭りよりも大きくなり、明治に入ると、「附祭り」は神輿巡幸からしだいに分離して、「山車祭り」としての独自性にむかって大きく翼をひろげることとなった。

●惣鎮守・諏訪大明神の創建と伊能権之丞家

新宿惣町の惣鎮守、諏訪大明神（諏訪神社）の創建と関わる記事を時系列的に、以下にまとめてみる。

①天和三（一六八三）年、「新宿天王臺」の「牛頭天王宮」を遷座させ、本宿の惣鎮守として浜宿に牛頭天王社を造営。「貫方」本宿惣代として伊能三郎右衛門と長澤（永澤）次郎右衛門、「里方」新宿惣代として伊能茂左衛門、伊能権之丞。このとき同時に、元・八日市場にあった「市神天王」は交換として上中宿の路傍に遷され、「市守社」となった。

②本宿側の浜宿組は代々永澤次郎右衛門家が名主を務めていた。ところが表向きの理由は地頭への年貢米未納など多額の借金を重ねたためとして、牛頭天王宮の遷座と同じ年の天和三（一六八三）年、六代目次郎右衛門俊賢は名主役を失い、江戸に出る。「牛頭天王宮」遷座直後の事件であったとみられる。

③元禄六（一六九三）年、新宿（下宿組）名主・伊能権之丞家（伊能茂左衛門家四代宗味の子を初代とする）の二代目伊能権之丞久胤（法号・真月）が伊能村春日神社境内の諏訪祠を分霊して、今の諏訪神社社地の中腹に祀った。

④元禄一四（一七〇一）年、三代目伊能権之丞景胤が諏訪山の畑地を奉納、改めて信州の諏訪大社から御神幣をいただき、諏訪湖の湖水石をご神体として山上に諏訪大明神を遷座。

⑤宝永四（一七〇七）年、こんどは下宿組名主を務めてきた伊能茂左衛門（分家）が地頭を軽んじたこと、新宿の六斎市《ろくさいいち》★をめぐって新宿・本宿間の争いを収められなかったなどの理由で、名主役をとりあげられ、閉門を仰せつけられた。

⑥翌宝永五（一七〇八）年、三代目伊能権之丞景胤が、新宿側の下宿組名主、本宿側の浜宿組名主の役務を合わせ持つこととなった。

⑦永澤次郎右衛門家の絶えることをおもんばかった伊能三郎右衛門家は、俊賢の娘の婿として五代目伊能三郎右衛門景知の子景寿《かげとし》を入れ、永澤家の家督を継がせた。景寿は正徳三（一七一三）年、七代目次郎右衛門として浜宿組名主となり、永澤家は復活する。

⑧享保一八（一七三三）年、四代目伊能権之丞智胤が上宿名主・林七右衛門、さらに惣町とはかり、本殿と石段の第一段の造営は権之丞家が持ち、拝殿と残りの石段は惣町氏子の負担により、神社造営をおこなった。これにより、伊能家の祭祀にはじまる諏訪大明神は、新宿惣町の人々を氏子とする鎮守としての地位を確立した。

⑨天明元（一七八一）年、佐原村の村方取締役となった伊能忠敬は、本家・伊能三郎右衛門家の十代目にあたる。忠敬が伊能家に入った時期の永澤家は、時に忠敬と対立して義絶となるほどに名主としての力を得、伊能家以上の家産をもっていたともいう。

これらの記事から気づくことを三つほどあげてみる。一つは、③④⑧の諏訪大明神創建の流れである。二代・三代・四代にわたっ

★寛永二一（一六四四）年の記録に、天正八（一五八〇）年、佐原村内に新宿開起の際に大崎城主・国分大膳殿に、新町繁昌のため新市（六斎市）を立てることを願いあげ、金壱分を差し上げたという文書が上宿名主家にあったという。新宿側はこれを根拠に本宿が新宿の六斎市に介入するのを拒否した。

て伊能権之丞家は「諏訪大明神」を新宿惣町の鎮守とすることを一貫した目標にかかげ実現させている。このもくろみは享保一八（一七三三）年、四代目伊能権之丞智胤の手によって確立する。

二つめは、新宿惣町の鎮守を「諏訪大明神」とするため、それまで佐原村全体の信仰をあつめていた「新宿天王臺」の「牛頭天王宮」を遷座させる必要が生じたことだ。「諏訪大明神」が建てられた「諏訪臺」と、「牛頭天王宮」のある「天王臺」は、すぐ隣りあう台上にあり、並び立つものになっている。「牛頭天王宮」を本宿に遷座させてはじめて、「諏訪大明神」が新宿の惣鎮守としての資格をえたことになる。①の一八年後になされた④の遷座もまた、二・三代目の伊能権之丞家によって、最初から仕組まれたものであった。いいかえれば、本宿・新宿の二つの鎮守体制そのものが伊能権之丞家によって造りだされたことを示している。

三つめは、理由はともかく、天和三（一六八三）年から宝永四（一七〇七）年の二〇年余りのあいだに、浜宿名主・六代目永澤次郎右衛門俊賢、新宿名主・伊能茂左衛門の二人が失脚したこと、その間も伊能権之丞家だけが力を貯え、⑥の宝永五（一七〇八）年にいたって、三代目伊能権之丞景胤が、新宿側の下宿名主のみか、本宿側の浜宿名主を兼務するまでになった。これには、もちろん下宿・浜宿が共に旗本・興津内記支配に属していたことがあった。

●諏訪大明神の内神、御神輿、御神幣

諏訪大明神は新宿惣町の鎮守としての地位をえたのだから、もはや伊能氏のみの氏神ではなかった。しかし、本社殿と別当荘厳寺、荘厳寺にあった神輿蔵などは権之丞家の管理下に置かれていた。そのことが、権之丞文書からうかがえる。

〈伊能権之丞家文書〉「当天保年中迄其ま、有之候御神輿家書附之写／延享乙丑二年九月吉日／御神輿之家　願主伊能権之丞／竟平右衛門尉藤原亮喜作／右之通り書附有之今以其ま、之御神輿ニ御座候、追々氏子中ニ而修覆致候儀ニ御座候、矢張心殿居士寄附也／一享保十八丑年御造営不残出来候ニ付以来御本社内神之御鍵永ク権之丞家ニ而預り来候所、其後ニ至御神輿蔵出来候砌り御鍵権之丞方ニ有之候而ハ出火惣体之節間合不申候間、鍵者別当江相渡シ、……」（以下、略。同前、一一五頁、傍点は筆者）

文書は延享二（一七四五）年の書附からはじまっており、この頃、権之丞家は「御神輿之家」と呼ばれていたことがわかる。そして、享保一八年の氏子を結集させた本社殿、石段の造営後、「御本社内神之御鍵」を権之丞家が管理した。さらに御神輿蔵ができるとその「御鍵」も権之丞家が預かったが、出火した場合の対処を考え、荘厳寺にあった神輿蔵については別当に預けるようになった。

もう一つ、権之丞家が大切に扱ってきたものに「御神幣」がある。つぎの文書は、祭礼に干渉した知行所が、祭りの道具を全て持ち去った事件で、その中に入っていた「御神幣」を返してもらいたいと知行所に訴えた記事である。

〈伊能権之丞家文書〉「一御知行所下総国香取郡佐原村下宿組権之丞呑旦ニ候、昨年中宿町内ゟ書ニ罷成候祭礼道具之内、幣束之儀ハ前々ゟ権之丞所持之神器ニ御座候而、年々諏訪大明神祭礼之節ハ神前江飾置神輿順行之節御輿相附順行致シ来候、然ル所右権之丞儀ハ下宿町ニ旧縁有之事故預ケ置候所、心得違而以祭礼道具之

★権之丞家が「神器」とした神幣は元禄一四（一六九九）年、三代目権之丞景胤奉納の神幣で、後に享保一八年（一七三三）、四代目権之丞智胤が御神体を奉写し事あるとき、巻軸で宿町登許に着け、お神輿の代りを務めた主者である。現在、諏訪神社に保存されている「金幣」は、延享二（一七四五）年に「旧来の神幣大破につきお神輿の家伊能権之丞、金幣３本奉納仕り候」と記録されているもので、権之丞家が「神器」とした元のものではないが、お神輿が出ない祭りにはこの神幣を飾って山車を曳いた事がある（小出皓一氏の書信）、という。

内江書上仕、依テ今般御運送被仰附恐入奉存候、乍餅(并)前書申上候通り神器之儀ニ候間、何卒以御慈(悲脱カ)御下ケ被下置候様奉願上候、右神幣之儀ハ祭礼之節神前江建候品、此後不足ニ相成候而ハ旧例ニも相欠候事故格別之御慈悲而以願之通御下ケ被候様奉願上、以上」(以下、略。同前、一一七〜一一八頁、傍点は筆者)

「幣束」「神幣」は権之丞所持之神器と言っている。どのようなものか。一般に神前に立てる幣束は和紙の束を切り垂らしたものだが、一回きりのものではなく、永く保たれる「神器」とすれば、木製の台に載せられた「幣束」だったろうか。この「神器」は御神輿に付き添う「御輿」に載せられて「順行」したものと書かれている。権之丞家にとっては神から授けられた権威を象徴するものだった。これを下宿にあずけていたところ、他の「祭礼道具」といっしょに書き上げられ、知行所に持ち去られてしまった。返してほしい、と訴えている。祭礼を司る権威は伊能茂左衛門家ではなく、権之丞家にあった。★

御神幣をかついで諏訪神社本殿を３度廻る

●各町練り物・屋台の「番組取り決め」

三代目権之丞景胤についで、四代目権之丞智胤は、享保六（一七二一）年、それまで旧暦七月におこなわれていた新宿の祭りを旧暦八月二七日に定めるとともに、享保一八（一七三三）年には、神輿巡行の前に附ける各町練り物・屋台の「番組取り」をみずから決めるまでとなる。

〈伊能権之丞家文書〉「代々申伝之事」「……享保六丑年初而祭礼取極之議定ハ、社内茂左衛門組ニ中権之丞上納地ニ付下宿組関戸町触頭ニテ壱番、乍去下宿組ニテ永代触頭壱番ニ相定候儀ニ付、上宿名主林七左衛門熟談之上廿五日御旅所上宿・下宿隔年、其上弐番上宿、三番上中宿、四番上新町・上宿組三町并五番別当先ニ付横宿、六番中宿、七番下新町、八番巻軸下宿町取極御座候、然ル上ハ以来何町分町出来候共下宿巻軸ト相定、扨又下宿町銘々祢り物ハ迦家臺相定我等家者鎮守御由緒ニ元附飾附神幣天幕七五三縄弐人持、迦家臺表札ハ伊能権之丞智胤相印、壱番議定巻軸ハ由緒之家筋伊能茂左衛門相定候事」(同前、一二三頁、傍点は筆者)

心殿居士《しんでんこじ》とは、四代目権之丞智胤の法名。「永代触頭」「巻軸」という重要な言葉がはじめて登場する。「代々申伝之事」の別文では、「各町の番組取り決め」は、心殿居士の一存にて決めたとも記されている。なお、「迦家臺《かさやたい》」とは「迦沙家臺《かさやたい》」、すなわち「傘鉾《かさぼこ》」のこと。「永代触頭」「巻軸」という言葉は権之丞家、心殿居士の構想から生まれたことを示している。これらの言葉、とくに「巻軸」という言葉は何を思い描いて用いられたのか。

●「永代触頭」と「巻軸」

「永代触頭《えいたいふれがしら》」とは、文字通り祭礼の領導を永代におこなう役割を担うこと。「巻軸」の読みは地元で「かんじく」と呼んでいる。何のことかというと、「絵巻物《えまきもの》」の軸《じく》をさしている。絵巻物をすこしずつ開いていくと、状景の空間があらわれる。さらに開くと、また異なる時間の状景があらわれる。絵巻物独特の時空の展開は、巻物としてつらなっているのに時空が異なったり、からみあったりする表現性をもっている。「江戸天下祭」をはじめ近世各地祭りでは規模が大きいほど、祭礼行列を整える「番付」が不可欠だった。そして、この番付をふまえた浮世絵の「番付」摺り物や「祭礼絵巻」がつくられている。

伊能権之丞智胤が思い描いたのは、佐原新宿の各町の「練り物・屋台」が、華麗に列をなしてつづく「絵巻物の状景」だった。列の筆頭には「触頭《ふれがしら》」として関戸町があらわれる。関戸町を番付の壱番とするのは、祭礼での権之丞家の特別な地位をあらわすものでもあった。これにつづいて、上宿組の各町、別当荘厳寺のある横宿、下宿組の各町がならび、最後が「巻軸下宿町」となる。

「江戸天下祭」の一つ、「山王祭礼番付」では、江戸最古の町として認められた「大伝馬町」と「南伝馬町」が一番、二番を占めている。このように番付が固定して、各町に不満がなければ争いは生じないが、本宿の祇園祭のように祭礼の年によって一番をめぐる争いが生ずることもあった。

「八坂神社祇園祭」の項で書いたように、明和五（一七六八）年、本宿の八日市場は自前の出し物を先頭にすることを求め、「鷹狩の扮装」が先頭を認められた。しかし、翌明和六年の巡行では八日市場の山車が先頭との主張に対して、河岸・浜宿・上仲町も一番を主張、調停に入った伊能（忠敬）・永澤両家による「だしを出さない」という約束を永澤方が破って大騒ぎとなり、両家は義絶した。この事件をふまえ、明和七（一七七〇）年の祭礼では「くじ引き」により順番が決められたという。権之丞文書「明治、年表」（同前、一七五頁、傍点は筆者）では、本宿祭礼の順序は、この時期あたりから「互番」でおこなわれるようになった、とも記している。

これに対して、新宿の諏訪大明神の祭礼では享保六（一七二一）年という早い時点から、各町の練り物・屋台行列の順序を整然と決めていた。これは権之丞智胤の権威と、それによる構想以外にはありえない。

「江戸天下祭」の番付では、山王祭四十五町、神田祭三十六町の山車群と、これらの山車の後ろに附祭りの練り物、引き物、踊台などがつき、その後に神輿行列がならぶ。この長大な行列が江戸城内に入るのだから、列を乱す振る舞いは許されなかったろう。そして、この姿は「祭礼絵巻」に描かれ残された。これほどではなくとも、心殿居士のまなざしには、佐原の町衆がならぶ華麗な行列を、一幅の絵巻物として眼中に収める意思があったのであろう。

もう一つ、天下祭の祭礼絵巻では、数多くの町の山車列にあって、「しんがり」の町は大した地位を占めていない。だが、佐原ではそうではなかった。ここに生ずるのが「巻軸」という発想だった。「壱番議定巻軸ハ由緒之家筋伊能茂左衛門相定候事」という言葉からすると、「壱番船頭」と「巻軸下宿」という議定は、伊能権之丞家ではなく本家にあたる伊能茂左衛門家が定めた。茂左衛門家こそが新宿惣町下宿組で最も由緒ある家柄である。そして、今後、新宿の町が「分町」する場合には、分町の練り物・屋台はすべて「巻軸下宿」の前に入れると定めた、としている。先頭とともに、「しんがり」を締める議定は、他の祭礼絵巻でははっきりとは確認できない、佐原新宿祭礼の独特のものだ。もちろん伊能茂左衛門家に前もって相談しただろうが、構想したのは心殿居士以外にはありえない。

●四代目権之丞智胤「心殿居士」

この議定がなされた享保六（一七二一）年、四代目権之丞智胤心殿は、いったい何歳頃だったのか。この時期の履歴をたどってみると、三代目権之丞景胤はまだ健在だった（享保一六［一七三一］年没）。享保六（一七二一）年の「議定」の背後には三代目景胤がいた。すでに記したように、景胤夫人は水戸侯・徳川光圀が奥女中に生ませた娘だったとされ、光圀は権之丞宅に長期にわたり滞在している。三代目景胤は光圀との血のつながりはないが、四代目智胤心殿は光圀の孫にあたる。佐原新宿の「町立て」からいえば、権之丞家の二代・三代、とりわけ三代目の功績が大きかったが、三代目景胤は、光圀の孫・四代目智胤心殿を前に押し出して新宿の祭政にあたらせたのではないか。「議定」後の新宿祭礼では、四代目智胤「心殿」は、亡くなってのちも格別の扱いを受けている。

〈伊能権之丞家文書〉「代々申伝之事」「一寛政年中迄橋本町住居之砌ハ不申及上宿・下宿辺住居之砌も、権之丞智胤法名心殿位牌トテ関戸町家臺不及申町々家臺権之丞宅前ニ而手打いたし、当日祝儀致挨拶其上引出シ候先例ニ御座候事」（同前、一二四頁、傍点は筆者）。

各町の山車が権之丞宅の前で、「心殿」の位牌に向かって手を合わせて打った。それが慣わしだったと記されている。祭礼では権之丞家入口に「心殿」の位牌が置かれ、「神」に等しい扱いを受けた。★

●新宿惣町——三つの力動の線

「議定」では、江戸時代の初めまでは別の村だった関戸（郷）、下宿組とほんらい対等な地位にあると認めていた上宿組への配慮が重要だった。〈権之丞家文書〉にあるように、権之丞家は最初、橋本に居住、ついで上宿、下宿にも住んでおり、なぜか新宿各町を転々としている。心殿居士の頃はどこに居住していたか明らかではないが、橋本または下分に屋敷があったとおもわれる。

新宿惣町は、元は大きく下宿組（旗本・興津内記支配）と上宿組（旗本・近藤十兵衛支配）に分かれていた。いずれも香取街道沿いに発展し、台地沿いの上宿組は、のちに街道沿いの上宿、上中（仲）宿と上新町とに分かれた。下宿組は街道沿いの中宿、下宿、下分《しもわけ》、（新）橋本、若松、さらに南側の下新町、小野川左岸沿いの新上川岸《しんうわがし》、田中、仲川岸《なかがし》、下川岸《したがし》、横宿と時に一つになっていた横川岸、下分から折れて関戸側に入る横宿（元は横宿も関戸に属したという）があり、横宿は明治八年、さらに南横宿と北横宿に分かれた。この一六町に隣接した集落が関戸で、下宿組の一つとなった。関戸は近世から、中郷（今の東関戸）、居造（居作、伊作とも。今の西関戸）の二つに分かれていたが、山車は一つだった。昭和一〇年、山車曳行で争いが生じ、東関戸・西関戸はそれぞれに山車をつくっている。

★信州茅野の諏訪本社・上社の「大祝（おおほおり）」は生き神として崇められた。このような生き神信仰は、若狭一宮、伊予一宮の宮司家にも見られる。下総一宮の祭祀権を握っていた香取神社の「権禰宜家」にも同じ傾向があったかもしれない。智胤の号「心殿」は、「生き神」的な信仰を示唆している。

関戸が「郷」の名をもつのは、寛保二（一七四二）年、利根川が洪水となり、堤防が切れた対岸の南和田堤の普請が佐原村に命じられた際、関戸の人足の熱意が評価され、「関戸郷」を名乗るべしと幟《のぼり》を授与されたことに由来するという。いま山車会館に展示されている山車額に「関戸郷」と記されている。

かつて関戸の「猿田彦命」山車に掲げられた「関戸郷」の扁額（佐原山車会館蔵）

権之丞家は「年貢請」を勤めてきた関戸に大きな利害があった。代々、下宿組名主を務めてきた伊能茂左衛門家（権之丞家の本家）が下宿を本拠としたのにたいし、権之丞家は茂左衛門家に対抗する力を関戸にもとめた。伊能堀にみるように、下宿⇕関戸という東西にひろがる力動の線が両家によって担われ、「町立て」の基盤を造りだしてきた。関戸に「永代触頭」の地位を与え、下宿を「巻軸」としたのは、両家の合意のもとで意識的に形づくられた、この力動の線であった。

そしてもう二つ、関戸⇕上宿、下宿⇕上宿という力動の線が、町立ての統治と繁栄には欠かせなかった。これらの三つの力動の線が新宿惣町展開の基層をなした。三頂点をつくる力動の線のうちに、「分町」した各町がそれぞれに力を発揮する領域を創りだした。さらに、小野川に沿った「河岸」の各町は、下宿組を支えるもう一つの力動の線であった。

上宿と関戸は、かねて祭りをめぐり争っていたが、権之丞家は断固として壱番の触頭《ふれがしら》を関戸とした。しかし、弐番を上宿としたことで二つの町がじかに接し、争いが起こった。そこで「議定」を改め、弐番に「上新町」を入れ、「上新町おとなしき町内柄故家台餝物ニ諏訪明神与申御祓《おはらい》 餝附《かざりつけ》」を屋台に乗せて出すように裁定をおこなったと「代々申伝之事」に書かれている。

上新町は上宿東側の農業が主の集落で、町場の周縁だった。同町の屋台は、昭和六年の『佐原誌』では「お祓箱（今は榊に御幣）」と記されているが、同年の写真資料をみると組み立て方式の宮造り屋台で、名称は「諏訪大明神」とある。権之丞文書に記された当時の形は不明だが、小森孝一氏（佐原商工会議所顧問）の言によれば、お札と榊《さかき》を立てた諏訪様の素朴な屋台で、「諏訪神社を飛び越して、おまえら、けんかをしてみろ。承知しねえぞ」ということにしたのだろう、という。これで一時は喧嘩は避けられたが、争いの根は残っているから、何かというと争いになった。

江戸時代も中後期に入ると、利根川水運の要衝となった佐原は繁栄をきわめ、輸送・商業だけでなく、「関東灘」とよばれた酒

★酒井一輔「近世後期関東在方町における町規約と構成員」（『史学雑誌』第一二三編第三号、平成二六年三月、史学会）は、佐原・下分町、本橋本町、新橋本町に残る町規約の分析、ことに新橋本町の規約と構成員についての詳細な分析をおこない、「町」の自治的力についてその実態をあきらかにした優れた研究であろう。近世に起こった重なる飢饉に際して、領主と惣町はそれなりの支援をおこなったが、町の住人の危機を救ったのは「町」組織であった。また、江戸などの「町」組織では家持ち以外は成員とされなかったのに対して、佐原では地借・店借の者も町の意思決定機関である寄合に参加できた。

造業、醤油醸造業などにより、財をなす豪家が増え、力をつけた家を中心に分町が行われた。

一つの町が五〇軒を超えると分町したといわれ、分町した町にはかならず豪家が一つあり、町の自治、祭礼を支えたという。結束の核に豪家があったことはまちがいないが、同時に、各町の内的な結束力、自治の力は近世後期の「町規約」にはっきりと留められている。★ この時期、町衆の自立的な力はおそらく頂点に達していたとおもわれる。

●町衆が権之丞家の権威を超えたとき

町の繁栄により、それぞれの町が力をつけるようになると、新宿「惣町」のしくみを創出した権之丞家の財力はしだいに衰えたようだ。その財力は惣町内の土地や年貢を基盤とするにすぎなかったからかもしれない。★★ 権之丞家の権威の背景にあった水戸侯との関わりは江戸後期までつづき、香取社参詣の際には権之丞家に立ち寄ったことが知られている。天保五（一八三四）年、水戸九代藩主徳川斉昭（烈公）の香取社参詣の記事には、「佐原村伊能権之丞方江御立寄被遊候此時権之丞困窮に付」（大根・平山卓爾文書「年代誌」、『佐原市史』昭和四一年、四〇九頁）とあり、「困窮」のことが記されている。権之丞家はしだいにその財力と権威を失ったのであろう。

町衆をたばねる権之丞家の名は、弘化四（一八四七）年の山車曳き出し中止の事件まではうかがえる。

この年、町は豊作に沸き立ち、町衆は祭礼の実施をもとめた。前年の弘化三年には洪水があり、それ以前も不作が続き、大がかりな祭礼の実施は一〇年にわたって許されなかったからだ。この町衆の要望に対して、前年の洪水被害からまだ立ち上がらないうちに、練り物を出すことは認められないとの関東御取締役よりの申し渡しに服せず、一部に山車を出す動きがあったため、役人が山車を封印する。権之丞家は役人の指示とのあいだに入り、説得に努めたのであろう。しかし、翌嘉永元（一八四八）年になると、佐原町衆の思いは爆発し、地頭の許しなく盛大な祭礼をおこない、のちに罰金を取られることとなった。この事件は、山車巡行の祭礼が、もはや権之丞家の思惑をはるかに超えて、町衆のこころに深く浸透していたことを伝えている。山車祭りは町衆の営みを支える大切な祝祭となった。

分町した有力町衆による力はさらに増大し、権之丞家の権威を超えて、町の繁栄と祭礼のにぎわいが創りだされていた。このとき、権之丞家がもっとも影響を与えてきた関戸郷もまた、「永代触頭」としての町衆そのものの力となったのであり、町衆の筆頭の地位の意味も、大きく変わっていく。

江戸が終わり、明治になっても、利根川水運による佐原の繁栄はなお力をとどめつづけた。この時期、関戸郷は「壱番触頭関戸巻軸下宿」という「祭礼絵巻」の像《イメージ》からの脱却をみずから求めた。権之丞家が創出した「祭礼絵巻」の像《イメージ》はもはや時代に合わないものとなった。関戸郷と佐原新宿の町衆は、この像《イメージ》をいち早く組み替えるしくみと観念を創りだす。それが、みずからが主導する改革、「町々車輪の如く」という言葉で語られた明治一〇年の「年番制度」の改革だった。

★★『佐原市史』二一三頁に、「寛政初年、大根村杉浦組の年貢を佐原村の船問屋伊能権之丞が請け負っている」とある。船問屋を営んでいたことがわかるが、同時に「年貢請」を業としていたことも判明する。権之丞家は、近世後期に商工業を基盤とした佐原の発展にみずからが関わろうとはしなかったのだろう。

見
屋
新橋本
新橋本
新橋本
新橋本

新宿、各町山車群の揃い踏み。新橋本「小野道風」山車、人形師・鼠屋　福田萬吉、明治４(1871)年作、額字「雲龍(うんり

森田屋
建速素盞鳴尊
JCB

新宿、各町山車群の揃い踏み。下川岸「建速素戔嗚尊」山車、人形師・不詳、江戸時代後期作、額字「宏遠（こうえん）」

新上川岸「牛天神（菅原道真）」山車、人形師・不詳、江戸時代後期作、額字「二河岸（うわがし）」

東関戸「大楠公（楠木正成）」山車、人形師・大柴護豊（大柴徳次郎）、昭和10（1935）年作、額字「純正（じゅんせい）」

西関戸「瓊瓊杵尊（ににぎのみこと）」山車、人形師・鼠屋、昭和 15（1940）年作、額字「神威嚇奕（しんいかくえき）」

南横宿「仁徳天皇」山車、人形師・三代目　安本亀八、大正 14（1925）年作、額字「高きやに　登りて見れば烟たつ民のかまどは　賑いにけり」

上新町「諏訪大神」山車、山車制作・昭和 11（1936）年、額字「敬神（けいしん）」

上宿「源義経」山車、人形師・四代目面六　田口義雄、昭和 55（1980）年作、額字「知勇（ちゆう）」

仲川岸「神武天皇」山車、人形師・湯本長太郎修復、昭和３（1928）年、額字「博如天（ひろきことてんのごとし）」

北横宿「日本武尊」山車、人形師・鼠屋　福田萬吉、明治８（1875）年作、額字「愛國（あいこく）」

上中宿「鎮西八郎為朝」山車、人形師・鼠屋　福田萬吉、明治 15（1882）年作。額「富士山の彫刻」

下宿「源頼義」山車、人形師・古川長延、明治 32（1899）年作、額字「誠意（せいい）」

下分「小楠公（楠木正行）」山車、人形師・大柴護豊（大柴徳次郎）、昭和10（1935）年作、額「下分（しもわけ）」

下新町「浦嶋太郎」山車、人形師・鼠屋　福田萬吉、明治 12（1879）年作、額「恩波（おんぱ）」

14 「町々車輪の如く」——その含意の深さ

●明治一〇年の改革——新宿惣町「年番制度」の確立

明治一一（一八七八）年八吉日の新宿惣町「幣台規則並割合帳」には、前年の明治一〇年一月に定められた年番制度の改革が次のように記されている。まず前段には、「新宿町長《まちおさ》の儀は、去る享保六年より当明治九丙子に至り星霜百五十六年の間、臨時要用其外、鎮守祭典、供獅々・榊は勿論、並附祭り邌物《ねりもの》等に至る迄、左の者組法を以、町組関戸始め、日拾四町。（ママ）／関戸町、上新町、上宿、上中宿、横宿町、中宿町、両新町（下新町）／上河岸、中河岸、下河岸、若松町、橋本町、下分町、下宿町／右の通り今年迄、不易に、関戸町にて諸事世話方致し来候処」とあり、関戸町が不易に「星霜百五十六年の間」、諏訪神社の祭典、附祭り一切の「諸事世話方」をしていたことが記されている。だが、いまや不易とされた「組法」は改革を余儀なくされたことが、続く後段に記されている。

後段を引用すると、「今般改正の御時世に基き惣町協議の上、町々車輪の如く隔年に年番役相勤可申様、更に取極候事。」（傍点は筆者）として、次に「議定書」では、「今般触頭《ふれがしら》の儀は改正。年番は引冊議定書の通り、附祭り邌物《ねりもの》順廻し、年番町右の次第順席は勿論、新・本両宿隔年の儀、条約も有之候得共、其年柄の善不善は難斗候に付、附祭皆休の年は累年に相成候共、其町に留置き、邌物順廻首尾能く相済候へば、速やかに次番へ相送り可申事。／右の通り惣町一同熟議之上、確定候処、依て連印し、依て連印如件。」として、十二支年を年番町に割り当てた町名と各町代表の名が記されている。割り当てた各町の名は次の通り。

丑年＝北横宿　寅年＝若松町　卯年＝下新町　辰年＝上河岸
巳年＝中宿町　午年＝南横宿　未年＝上宿町　申年＝橋本町
酉年＝下分町　戌年＝中河岸　亥年＝下河岸　子年＝上中宿町
丑年＝下宿町　寅年＝関戸町
上新町（氏名のみ。平成三年、関戸町の後年番として認められる）

かつて触頭の象徴だった関戸郷山車人形の頭「猿田彦命（天狗）」と両手、元文4（1739）年制作（水郷佐原山車会館蔵）。昭和9年まで関戸山車に飾りつけられた

シベリア、バジリク古墳群5号墓出土の四輪馬車。すでに輻（や）が用いられている（紀元前200年頃）

横河岸（氏名のみ）
田中（氏名のみ）
上宿台町（氏名のみ）

「議定書」の初項では、新宿・本宿の祭りを隔年ごとにするという条約があるが、今年は新宿の祭りだというのにその年柄によって附祭りができないこともある。せっかく年番町となったのに、附祭りができない場合には、年番役をその町に留め置いて、練物順廻りが首尾よく済んだならば、速やかに次番にまわし送りすることで、「町々車輪の如く」、全町が等しく祭りを享受できる。このために後項のように年番町の順序を割り当てたと書かれている。この議定によって、関戸郷を触頭《ふれがしら》とする組法はなくなり、各町が平等な年番制が登場することとなった。本宿の祭礼では「くじ取り」をしたのちに「互番」をおこなったというが、はっきりとした記録はない。この点で、明確に「年番制」のしくみを記録にとどめるのは明治一〇年の新宿惣町「幣台規則並割合帳」だ。しかも、これを「町々車輪の如く」と形容しているのは、独創的な観念創造であるとともに、はるかに時空を経た深い含意がひそんでいる。

ユーラシアのどこかで、一輪車、二輪車が生まれた。少なくとも五三〇〇年前に遡るといわれる。★ユーラシアを結ぶ岩画にも刻まれている。いったん車輪という道具が生まれるやいなや、車輪がもつ機能と同時に、その形態と軌道は大きな象徴性をもつようになった。インド、ヒンズー石窟寺院の中には、寺院そのものが巨大な石造の車輪の上に載っているものがある。★★車輪は太陽あるいは月をあらわし、「日月の法輪」が回転して、地上世界の時がつくられる。

議定書中の「町々車輪の如く」という言葉のうちにも、おそらく人類史が積み上げてきた道具の象徴的含意が語られている。人はなぜ山車のような初源的な車の文化を残し続けているのか、なぜ蒸気機関車や鋼鉄の大きな車輪の動きに心惹かれるのか。なぜ佐原の祭りでは昔ながらの「半間」を回転させ、さらに「のの字廻し」が「花」なのか。山車文化は素朴な車輪であればこそ、車輪の隠喩性を最大限に引き出した文化でありえたのだ。

第一に、山車は一定の順序をつくってじっさいに各町の暮らしの世界を巡行して元に戻り円環する。

第二に「のの字廻し」では、直線的な車の進行に対して、円を描くように山車を力づくで、かつ滑らかにまわす。このまわし方は、町々をまわることを、一刻《いっこく》の演技によって集約する劇であろう。ぎぎぎっ、とまわす音ごとに自分と町の動くすがたを体感している。そして「廻しの芸」のうちに、天空に向かって立ち昇るような「花」が開く。芸としていえば、ひどく単純なようでいて、それがみごとな花となる。そこに、生きる営みを祭りの「芸」とする遊びが包みこまれている。「のの字廻し」では、歌舞伎や能の舞台でのように、悠々と「見得」を切るように、山車はゆったりと廻すのが良いとされる。この「見得」は「悠々とした立ちすがた」であればよい

★考古遺跡から発掘された最古の wagon 車の遺構は、南ロシア、クバン川流域の Ostannii クルガン墓から発見されている。放射性炭素測定と年代校正で 3300 ～ 2900BC 頃。黒海からカスピ海の北部にかけての草原に馬と車輪と印欧祖語をもつ民族文化が生まれ、やがて西遷して欧州世界を席捲する。

★★東インド、コナーラクのスーリヤ寺院（一三世紀）は、基壇に一二対三メートルほどの車輪が刻まれ、天空を駆ける太陽神スーリヤの馬車を型どった巨大な石造寺院（世界文化遺産）。スーリヤ神が住まう「山」が車輪の上に載る形で、日本の祭りにみる山車・屋台と同型または原型ともいえる。

から、それぞれの山車ごとに、それなりの見せ方が求められるだろう。山車上の大人形と、そのかたわらに「少年」が彼方を見据えて立つ姿（一〇九頁写真参照）には、時を超えて反復される人の生のおおしさとかなしさが現出している。

第三に、町々は車輪なのであり、その年の年番町の車輪が先頭を回しつづけると、こんどは次の年番町が最初に車輪を回す。参加する全ての町が一巡し終えると、また一番目の年番町の車輪が最初に回りはじめる。★年とともに軌道を順番に保って回り、はじめに戻って「反復」される。この反復は「永劫回帰」とでもいえる大切なことは、この年番のかたちが、町の営みを毀《こわ》すような力から町衆を護り、町の年々の暮らしの創造を支えることだ。そして、年番制が対抗して働く力は町を壊すような力に対してである。

第四に、もし個人を車輪にたとえれば、季節ごとに車輪は回り、年と歳が遷移するとともに反復され、重なり、時がくればその人は幼年から青年へ、壮年から老年へと老いるが、その心の中では、再び幼年がはじまる。孫の代と自分を重ねる「時の智慧」でもある。

若い頃は、季節の花ごとに心を揺り動かされることは少ないが、年々に、季節の感覚は身に沁みてくる。冬のかじかみから、春の花と緑が萌えはじめると、からだはやわらかく華やぎはじめる。冬至の祭りは寒気に心を引き締める身ずまいだが、春、夏に向かうと、ゆるやかに燃え立つものから、烈しい熱を帯びるようになる。実りの秋は金色の稲穂、錦の紅葉に包まれる。春の山車祭りをおこなうところには、概して、飛騨や越中など冬のきびしい地域に多い。佐原のように、夏に湿気が強く、台風や季節風にさらされるところでは、夏祭りと秋祭りが季節を区切る歓びとなる。水郷地帯の起伏の少ない町並みに季節の車輪がめぐり、台地から神が降りるとき、暮らしに区切りをもたらす祭りの車輪が花ひらく。車輪は円環であり、自分の車輪、家族の循環と生死の車輪、季節の車輪、町々の車輪、世界の車輪を重ね、交叉させ、そのすがたや動作、音とともに、想念をふくらませてみれば、「車輪」の喩性の深さがしられるだろう。

新宿惣町が、議定書に「町々車輪の如く」という言葉を与えたのは、町の暮らしの豊かな反復を崩そうとする洪水や凶作、外からの異変があったとしても、これに耐えて生き抜く智慧は、「営みの車輪」を崩さずに町を保つ約定にあると考えたからだ。この「営みの車輪」をできるだけ崩さない町のありようこそ、祭りの深層に与えた町衆の意思であった。ここには、今日いわれる「持続可能な経済社会」「循環型社会」といった観念さえもが含まれている。

明治はじめの変革期に、新宿惣町が気づき議定書に書きつけたこの言葉は、祭りのもつ最も大切な価値と意味を独創的、直感的によく理解していたことを伝えている。新宿惣町が明治一〇年に考案した「年番制度」は、その後十分にうまく働かないことも多かった。洪水・火災等の災害だけでなく、日清・日露・第二次世界大戦など、社会の非常によって町の暮らしは乱され、祭りができない年も多かった。それでも何度もの改良がつづけられた。

明治一九（一八八六）年、年番の期限を三年とし、練り物執行にかかわらず、次町に送ると定めた。大正一三（一九二四）年、惣町古役・当役会議が開かれ、「山車引き回し規約」が作られた。さらに昭和四二（一九六七）年、三年ごとの大祭にあわせて、「年番」の

★「年番制」のすごみは、一巡するのに一世紀もかかる時間感覚にもある。明治二八（一八九五）年にはじめて年番を務めた上宿は、平成二三～二五（二〇一一～一三）年の間、二度目の年番役を果たした。その間、じつに一一六年。年番役をつとめる町の指導者の身を正す感慨の深さがうかがえる。

期限は三か年、「年番」の先後に「先年番」「後年番」が三年勤めるという組み合わせにより、先代の経験を後に残す優れた制度を作り出すに至った。明治のはじめに生まれた「年番制」は、現在の祭りの基礎的な考え方として生きている。新宿惣町が生んだこの制度を本宿惣町も基礎に据えたことで、本宿・新宿を合わせた佐原の祭り制度は、町衆みずからが創出した町法《まちほう》ともいうべきものとなった。

　明治一〇年の年番制度の確立で一つ大きな課題が生まれたとすれば、これまで触頭・関戸郷に依存していた祭り全体の仕切りを、年番町が果たさなければならなくなったことだ。この点で、関戸郷は従来の負担から解放され、明治の急激な経済変化に対応する力を養うことをめざした。一方、年番役を負う各町は新たな負担に耐えられなければ、引き受けられなかった。議定書に登場する横河岸、田中、上宿台町は山車を持たず、立会い町として加わっている。

　権之丞家の指示により触頭《ふれがしら》「壱番・関戸」と「弐番・上宿」の間に入れられた上新町は、議定書では代表者が署名し、山車順位は従来どおりとして認められ、年番役の負担のみは辞退している。昭和一一（一九三六）年、山車を新造し「山車順位、投票権、廻年には年番役履行」を申しこんでいるが、新宿山車持ち町による会議の結果、山車位置、投票権は承認されたが、年番役は保留と決定。戦後の平成三（一九九一）年に、こんどは新宿山車持ち町からの要請により、西関戸の後年番となる資格を得、平成八年（一九九六）に「正年番役」を初めて務めた。「お祓箱」以来の「諏訪大明神」祭祀の形式を踏まえた同町山車は、新宿惣町の山車のうちでも、特別な形式を守ってきたともいえよう。

15 関戸、大人形飾りの登場

●先導の神「猿太彦命」

　諏訪大明神祭礼の「永代触頭」関戸郷は、現在の「大人形飾り山車」の原形をなす「飾り物」をすでに享保一八（一七三三）年に造ったことがわかっている。〈権之丞文書〉には次のようにある。

〈伊能権之丞家文書〉「……享保六丑年ゟ同拾八年丑年迄十二・三ヶ年之間末祢り物等不定関戸町ニ而家臺江石階錺附引候事も有之由申伝候、其後我家ゟ夜着持参り着物致猿太彦命錺り候所大当りニ付、夫ゟ以来古来錺附相成候由申伝候事」（『佐原山車祭調査報告書』一一五頁）。

　関戸町では享保六年以来、「祢《ね》り物《もの》」が定まらず、「家臺《やたい》」へ「石階」を錺《かざ》りつけたこともあった。「其後」とは享保一八年にあたるが、「我家」から夏夜着を持参して着物とし、「猿太彦命《さるたひこのみこと》」を錺ったところ大当たりだったため、以後ずっと「猿太彦命」を錺《かざ》りつけることになった、という。

　いま水郷佐原山車会館の三階に高さ一メートルにもなる天狗の首《かしら》が展示されている（一四四頁写真）。この首は元文四（一七三九）年に製作された「猿太彦命」の頭《かしら》そのものとされている。

　昭和九（一九三四）年、西関戸側が規定以上の提灯を持ちこんだことが東関戸若連の反発を招き、それまで同じ山車を曳いていた東西の関戸の争いにまで広がり、両区の所有だった山車飾りの天狗の頭と「関戸郷」の山車額は諏訪神社に納め、彫刻などは両区で分けた。この争いを新聞はセンセーショナルに報道し、「山車に付属する彫刻の飾物、車輪、梃子棒等を悉く二等分」し、さらに「山車そのものを真っ二つに割り裂いた」と伝えた（新橋本の木内善一氏が作成した「新聞古記事」集がある）。

関戸郷は佐原で屈指の大町であり、東西関戸の町民が山車を曳くと長蛇の列となって、もはや一つの山車ではまとまりがつかなくなっていたことが、事態の根底にあった。そして、触頭《ふれがしら》の誇りとしてきた一つの山車をいかに扱うかは大きな課題であった。若衆の紛争はいわば事態解決の契機となったのである。当時の東関戸区若連が語った「史談会テープ記録」（昭和五一年）から小出皓一氏が読み解いたメモによって、はじめて事態の真相があきらかとなった。

①昭和九年九月二五日～二七日の諏訪神社祭礼二日目の二六日、西関戸側が「親交会」と書いた提灯を規定以上に持ちこんだことから、★この事態に対して東関戸区若連は「抗議すべし」と当役四

関戸郷　天狗大人形飾り山車（大正初年）。天狗頭の高さ約2m、人形の高さ約6m、山車の高さ約4m

名とともに東関戸区へ引き揚げ、声明書をつくり、東関戸役員をはじめ各方面に配った。西関戸区役員は話しあいの解決を求めて、東関戸の元老である小森老その他の元老に接触をもとめたが話し合いは進まなかった。

②二七日夕刻、東関戸区の若連、当役、役員、さらに元老連（東関戸区には、当時も今も旦那衆が多い）が薬師堂に集合、事件の経過報告と対策が討議された。解決がつかない中、沈思黙考していた小森老が小長谷材木店に「山車を作る。すぐ材木を捜してこい」と一言。これで、東関戸が新たに山車をつくることに決まった。元の山車はこの夜、西関戸衆だけが曳いて前の通路を通っていったという。

③二八日、諏訪公園でおこなわれた山車の解体、分け方では、彫刻等、左右一体の物が生かせるように山車の対角線で分けており、決して「真っ二つに割り裂いた」ものではなかった。二本一組の芯棒の一本は西関戸区に売却。西関戸区の新造山車は旧関戸山車の寸法を取り嵩上をして旧彫刻を使用した。東関戸区で保存の彫刻は二四年後に嫁入りと称して結納金と交換した。

以上によってみると、最後に東関戸の小森老が事態の根底からの解決をはかる決断を下したことがわかる。

享保年間作と伝える関戸郷のほんらいの山車は、山車高一丈五尺（およそ五メートル）、天狗の頭のみで一メートル、これに見合う人形全身像を山車の上に飾った。その高さはおよそ七メートルに近い。山車高とあわせると、じつに一二メートル弱に達する。人形の本体は竹で骨格をつくり、「その上に、神社のお札を家庭から集めて張り、朱を塗って仕上げた。出来上がると、弐丈余り」あった。

★飾り物はほんらい町内会関連のものしか付けることができないが、話し合いで二個までは認められていた。ところが、祭り二日目、西関戸側から規定以上の数の提灯飾りが出され、これに対して東関戸区若連が反発し、抗議のため東関戸区に引き揚げ、両区の争いが顕わとなった。

大人形飾りは早くも元文四（一七三九）年に出現していた。その天狗像の身体は、江戸人形師の手によるものではなく、地元の若衆によって造りあげられた。本宿本川岸の人形飾り・天鈿女命《あめのうずめのみこと》は慶応年間（一八六五〜六八）の作と伝えるが、元の名称は「おかめ」だ。慶応年間に造られたのは「おかめ面」だけ、本体部分は関戸郷の天狗像と同じように手作りの張子で造り替えられてきたのだろう。これは、八日市場山車の鯉、仁井宿山車の鷹の造り物が手造りされてきた伝統ともつながる。

「猿田彦」は、アマテラス（天照大神）が地上に遣わしたニニギノミコト（瓊瓊杵尊）を道案内する国津神で、鼻の長さ七咫《あた》（一咫は八寸）、背長七尺、目は八咫鏡《やたのかがみ》のよう、頬はホオズキのように照り輝いていた、という。天狗の鼻は男根を象徴し、アマノウズメの「おかめ」は女陰を象徴するともいう。触頭として先導する関戸町が、町衆の手で天狗の巨大な人形を手造りしたのは★★、その誇りをよく表わしている。そして、この大人形飾りの出現は、のちに、他の都市の祭礼では類をみない大人形飾り山車行列、揃い踏みの始発となった。

16 町の歴史が刻む「対抗文化」の諸相

●触頭の誇りと怒り

この誇りはまた佐原を支配する旗本地頭所にたいして惣町の意思を受けて、惣町を守る覚悟をも養うものでもあった。天保二（一八三一）年、地頭から新宿祭礼は「暫くの間、御差留め」の命が下されたため、荘厳寺に飾りつけするのみで巡行は許されなかった。それだけでなく、地頭の役人が上宿名主方に来て、八月の祭礼で喧嘩事があった罪は許されないから、「新宿、本宿、祭礼道具を一切御取上の由」を申し渡された。地頭の横暴にはこれにかこつけた要求があったのかもしれないが、新宿ばかりか本宿までの一切の祭り道具を取り上げるというのは過酷な沙汰であろう。このとき、触頭である関戸は「関戸町年番たるの故を以て、屋台を取外し、之を車数台に積み込み」、役人の目の前で「之が焼却を迫り、若し役人が焼却するが如き挙に出でし節は、役人全部を打ち殺して恨みをはらし、以て最後の処決に出でむと、各自、竹槍等を持参し、その周囲を取り囲み殺気が場に漲れ、その形勢容易ならざる状態になりし為め、出張りの役人大いに恐れ蒼惶として逃走したため、この件は沙汰止みになった」という。自町を守るというだけでなく、惣町を守りぬくという気概は、町衆の「対抗文化」のありようをよく伝えている。この騒ぎが示すように、関戸町衆の意志は権之丞家へのおもんばかりをすでに超えていた。

惣町の触頭として、関戸が村役所に対抗してもつ烈しさは、同時に各町が誇りとしてもつ烈しさでもある。本宿側の浜宿・本川岸と八日市場の争い、新宿側の関戸あるいは下宿と上宿の争い、東西の両関戸が山車曳行をめぐって起こした争い。これらにみる烈しさは、町の誇りと権利にかけて起こされている。町同士、町と惣町とは、互いにぶつかりあうが、外部の旗本支配からの強制に対しては一致して対処する★★★。こうした町をめぐる対抗文化の力動が、年番制度や山車飾り人形にみる佐原の祭り文化をきわだって独自なものとした。

伊能権之丞家による強引な鎮守政策の力動。この力動は本宿と

★★佐原に隣接する稲敷市阿波・小杉神社は「あんばさま」の海難水難の信仰で知られるが、天狗の信仰でも名高い。源義経の家来・常陸坊海尊の伝説があり、その容貌が天狗に似ていることから天狗信仰がはじまったと伝え、神社には祭りに貸し出す天狗面があったという。天狗信仰の広がりがしられる。

★★★役所に対する「願書」による要求は、時期によっては毎年のように出されている、という。暮らしと自治を守るという意思の激しさがうかがえる（小島一仁著『伊能忠敬』三省堂選書、一九七八年、著者は佐原・浄国寺住職）。

新宿の対峙によって、いっそう町衆の心の中に食い込むこととなった。いったん惣鎮守の存在が内在化されるやいなや、自町だけの鎮守《まもりがみ》の空白を埋めるものへの希求が高まったであろう。江戸・明治まで、各町の練り物＝飾り物類は祭礼をいろどる華やかさで、各町がきそったが、各町は惣鎮守にむけての飾り物を超えて、みずからの町の「守り神」に相当するものを求めた。それこそが大人形飾りによる山車巡行だったのではないだろうか。

●「江戸優り」　各町の「守り神」にふさわしい飾り人形は、各町自身の身の丈《たけ》にふさわしい大人形でなければならない。関口郷は天狗の大首以外は手造りで、背丈の大きな人形本体を造り誇ってきた。それなら、これに拮抗する大人形を江戸に注文しようではないか。少なくとも、そのような心的力動があり、江戸・東京の飾り人形の文化から、この力動にふさわしいものが選択され、よりふさわしいものへと発展した。この展開を促進したものは、さらに江戸・東京の文化にたいして差し向けられた「対抗文化」の表現、「江戸まさり」という言葉に象徴されている。

17 新宿惣町の人形飾り山車——大人形飾りの系譜

●秋祭りの花——大人形飾り山車列の圧倒する効果

二〇一四年の秋祭り二日目、午前一一時頃から、香取街道の上宿から下分までの間に、新宿惣町の山車群が次々に入ってきて、年番を先頭に上宿方向に向けて所定の位置につく。午後一時過ぎ、まず先頭に位置する年番・新橋本町の山車が一八〇度回転して、下分交差点にむかって進みはじめる。それにしたがって、山車列全体は上宿方向に進み、続いて二台目の山車が方向を反転して下分交差点にむかって進む。この反転の運動が進むにしたがって、方向を異にする山車同士が交叉するように動く。下分交差点で見ていると、反対方向に動く山車の運動効果で、先頭から近づく山車列がじっさいの速度よりもずっと早く、山車を曳く子どもたち、その前を先陣を切って歩く町の先導役たち（区長、評議員、古役、当役）の後ろから、山車とその上の飾り人形が、ぐんぐんと迫ってくるように見える。大きな飾り人形山車の圧倒する効果、祭りの花の一つは確かにここにある。

新宿惣町による秋祭りの花は、この整然とした山車の運行、千葉銀行佐原支店前の交差点を主として次々と行われる「のの字廻し」にあるが、さらにもう一つの圧巻は、二日目の夕刻から夜にかけて、小野川筋にふたたび集結した山車列が夕闇の中、囃子の音曲とともに、男女の若衆、子どもが対岸の観衆に向かって群舞しワッショイワッショイと叫ぶ一刻にあるだろう。この演出は小野川両岸を祭りの空間とする本宿・新宿の合意があってはじめて成り立ったものだが、その美しいかたちは、宴も最後に近づき、年番町（新橋本「小野道風」）の山車が、忠敬橋の中央にひとり錚々と立ち、他町の山車を見送る儀礼「曳き別れ」（この儀礼は、本祭におこなわれるものという）によって終わる。

一四町の山車がみごとに揃って造りあげた祭りのクライマックスだが、ここで各町、人形飾り山車の来歴を見ておこう。

西関戸＝「瓊瓊杵尊《ににぎのみこと》」は昭和一五（一九四〇）年、鼠屋作。山

車本体は昭和一〇（一九三五）年完成。彫刻「龍と唐子群遊」は弘化〜嘉永年代（一八四四〜五三）、四代目石川藤吉朝光作。山車額は「神威赫奕《しんいかくえき》」、揮毫・有馬良橘海軍大将。額縁彫刻の龍は昭和一〇年、額新造に伴い、行徳の彫刻師・後藤直光老師により額縁に合わせて復製された。

上新町＝「諏訪大神」の山車飾りは昭和一一（一九三六）年制作。山車本体も昭和一一年、下新町の大工棟梁・高木彦治制作。彫刻「切り抜きの龍」も同じく昭和一一年、成毛哲太郎作。山車額「敬神」＝昭和一一年、島崎千崖の揮毫。

北横宿＝「日本武尊」は、明治八（一八七五）年、鼠屋福田萬吉作。山車本体も明治八年、船戸の大工棟梁・杉崎与吉の建造、総欅白木造り。彫刻「猿田彦命と楽人・源頼朝の放生会と千羽鶴・天照大神・神功皇后と武内宿禰など」も明治八年、岸上定吉・塙正明・石川常次郎ほか作。山車額「愛国」は揮毫・柳田貞亮。額縁彫刻「双龍」も明治八年、岸上定吉作。

下新町＝「亀と別れる浦嶋太郎」は明治一二（一八七九）年、鼠屋福田萬吉作。山車本体は文久二（一八六二）年、町内の大工棟梁・小浜屋伊藤三郎衛門。山車彫刻「水滸伝」は文久二年、彫工・石川三之介信光が歌川国芳の水滸伝錦絵を元に制作。山車額「恩波《おんぱ》」は源喬（栗本義喬）、額縁彫刻「亀に龍宮城」は明治年代、金子光清作。

新上川岸＝「牛天神こと菅原道真」は江戸時代後期の作。山車本体は明治四三年に山車庫が落雷で焼失したため、明治四五（一九一二）年、越中屋高野友三郎が建造。彫刻「源三位頼政」の制作年・作者は不詳。山車額「上河岸」は嘉永元（一八四八）年、揮毫は書家の高階慎。

南横宿＝「仁徳天皇」は大正一四（一九二五）年、三代目安本亀八作。山車本体は明治九（一八七六）年、寺島棟梁による建造。彫刻「三国志と龍」は明治九〜一九（一八七六〜八六）年、後藤一重作。山車額「仁徳天皇の和歌」は制作年・揮毫ともに不明。

上宿＝「ひよどり越えの源義経」は昭和五五（一九八〇）年、四代目面六・田口義男作。山車本体は昭和三四年に旧山車が壊れたため、年番組町から一時脱退、昭和五三年に再建、町内の大工棟梁・八木四郎治と棟梁・芝山茂司が制作。彫刻「獅子の子落とし・唐獅子牡丹・波千鳥」は嘉永（一八四八〜五三）年間、石川寅次郎作。山車額「智勇」は、昭和五五（一九八〇）年、揮毫・白井永二（神官）。額縁彫刻「雌雄の龍」も同年、伊藤忠次の作。玉簾「松と鶴」は大正末期、坂本桃淵作。

新橋本＝「小野道風」は明治四（一八七一）年、鼠屋福田萬吉作。山車本体は、明治二七（一八九四）年、越中屋高野友三郎が建造。彫刻「雌雄の龍」は平成二（一九九〇）年、寺宿の宮大工棟梁・岡野繁作。方立・胴羽目は葛飾区・北澤一京作。山車額「雲龍」の制作年は不詳、小野道風の真筆を彫ったものという。

下分＝「小楠公（楠木正行［くすのきまさつら］）」は昭和一〇（一九三六）年、東京上野の大柴護豊《さねのり》作。山車本体は明治二八（一八九五）年、小見川町新町より購入。山車額「下分」の揮毫は同年、書家・青野逸山。

仲川岸＝「神武天皇」は明治三一（一八九八）年につくられたが痛んだため、昭和三（一九二八）年に湯本長太郎が修復。山車本体は明治二九（一八九六）年制作、玉杢材を用い、三方正面造り。彫刻「米

[illegible]ろきことてんのごとし）」は同じく明治三一年、書家・巌谷修（巌谷小波の父君）の揮毫。額縁彫刻「鳳凰桐竹」も明治三一年頃、後藤直政作。

下川岸＝「素戔嗚命《すさのおのみこと》と奇稲田姫《くしなだひめ》に八俣大蛇《やまたのおろち》」は江戸後期の作、作者は不詳。山車本体は、旧山車が明治二九年の洪水で流出のため、明治三一（一八九八）年に再建、四方同寸法の方形山車。彫刻「日本神話」は文久年間（一八六一～六三）。山車額「宏遠」は明治三四年、源童通禧《みちよし》（伯爵・東久世通禧）の揮毫。額縁彫刻「龍」は大正年代。

上中（仲）宿＝「鎮西八郎為朝」は明治一五（一八八二）年、鼠屋福田萬吉作。山車本体（高さ四・三メートル）は嘉永五（一八五二）年、佐原の宮大工・岡野治兵衛重好棟梁の制作。山車彫刻「源頼朝の富士の巻狩り絵巻」（額を含む）は嘉永二～四（一八四九～五一）年、立川録三郎作。額の「表富士」に対して、裏欄間に「裏富士」が彫られている。

下宿＝「厨川の柵の源頼義」は明治三二（一八九九）年、最後の江戸人形師といわれた深川佐賀町の人形師・古川長延作。山車本体は明治八（一八七五）年、八日市場の芹川清介棟梁制作。彫刻「平家物語」は明治八年、石川三之介・後藤源兵衛・左利重吉・後藤桂林作。山車額「誠意」は明治一五（一八八二）年、儒学者・柳田正斎の揮毫。

東関戸＝「大楠公（楠木正成［くすのきまさしげ］）」は昭和一〇（一九三五）年、大柴護豊作。山車本体も昭和一〇年、八日市場の太田達四郎・和助棟梁が建造。彫刻「太平記など南北朝時代」は昭和一〇～二六（一九三五～五一）年、金子光清・池田信之作。山車額「純正」は昭和一〇年、揮毫は荒木貞夫（陸軍大将）。額縁彫刻「鳳凰菊水」は昭和一〇年、金子光清作。

[illegible]山車本体は江戸後期の作だったが、昭和四二年に人形、山車ともに破損が甚だしいことにより、年番町を離脱。以来、幻の人形飾り山車となる。彫刻「龍宮城、龍、戦国絵巻」は伝後藤某作、年代は不詳。山車額「豊醴《ほうえん》」は明治中期と昭和初期の二基、揮毫は柳田正斎。額縁彫刻「犬、猿、雉」は昭和九（一九三四）年、木嶋江運作。

佐原型山車の大人形飾りが新宿惣町・本宿惣町を合わせて出揃ったのは、本宿夏祭りの項で書いたように大正一〇年前後だが、新宿惣町大人形飾り山車の揃い踏みは、これより早い明治四二（一九〇九）年の「佐原町諏訪神社大祭山車番組之圖」（坂本桃淵画）に見られる。本宿の大人形飾りでも船戸＝「神武天皇」の明治二〇（一八八七）年、田宿＝伊弉那岐尊《いざなぎのみこと》の明治四三（一九一〇）年が明治の作だが、新宿の現存する大人形飾りは、北横宿、下新町、新橋本、仲川岸、上中宿、下宿の六町におよび、二町の江戸期の人形飾りを入れれば八町に達する。また、明治四二（一九〇九）年の「番組之圖」をみれば、造り替えまたは今はない人形飾りをもっていた関戸、南横宿、下分、中宿の四町

上宿・三蓋傘鉾図（明治42年「佐原町諏訪神社大祭山車番組之図」より）

★傘（笠）鉾は神の依代となる柱を天に向かって立てたもので、京都・祇園祭、江戸・天下祭では最も大切にされてきた飾り物。新宿惣町の祭りでも江戸時代には橋本・下宿・下分が多くの傘鉾を出していた。上宿の三蓋傘鉾もまた附祭りに欠かせない飾り物としてきたのだろう。

を合わせた計一二町が描かれている。それ以外では上新町の「御祓い箱」、上宿の「三蓋傘鉾《さんがいかさぼこ》」★が描かれている。

明治の終わりに近く、新宿惣町の大人形飾り山車のかたちは、このようにほぼ出来上がっていた。その始動をなしたのは、早くも元文四年に造られた関戸の猿田彦命「天狗」の人形飾りだったことはすでに記した。この関戸人形にみるような高さが、明治の初めに東京の人形師に山車人形を注文する際の尺度であったかもしれない。

●電線普及に対処した独自の「せりあげ」と「提灯胴」

江戸末・東京の山車人形造りは、最大で一丈（約三・三メートル）、ふつうは六尺（約二メートル）前後であったとおもわれる。また、浅草奥山などの見世物興行では、等身大の生人形《いきにんぎょう》や菊人形を飾り、歌舞伎や浄瑠璃、風俗人物を見せる興行がさかんだった。

大型の山車人形は首《くび》または頭《かしら》を彫塑するほかは、脛《すね》までの手と膝までの足を造形するだけで、胴部は箱型の荒い造りだったという。これに衣装などを着けて人形飾りとしたから、全身の造形ではなかった。見世物の生人形や菊人形も、衣装などに隠れる胴部は荒造りだったろう。江戸重層（三重構造）型山車では中枠のせり上げが重要となり、中枠に入る小型の精緻な人形は、飾り雛のように衣装まで一体化した胴造りがなされ、最後に首を嵌めるものもあった。だが、佐原の山車では中枠のせり上げ装置はなかった。

幕末から明治に入ると、山車人形はしだいに大型化し、その影響は地方にも及んでいる。たとえば、福井県三国町の明治中期の人形は八・五メートル（山車をふくめた高さ一一メートル）にもなっている。★★大型化した人形は「せり上げ」の仕掛けへの工夫が十分ではなかった。

★★三国町山車人形の現在の高さはおよそ四メートル、山車をふくめた高さは六・五メートル。桐生市「本町四丁目鉾」の人形をせり出した高さは九・二メートル。人形「素盞嗚命」は生人形師・松本喜三郎作。人形高はほぼ等身大であろう。

このため、電線敷設の進展にともない、巡行は困難に陥る。東京ではすでに明治二〇年頃から電線敷設が進み、経済的理由も加わって山車の存続が危うくなり、江戸型山車は地方に売られていった。

明治四二（一九〇九）年、佐原でも電線敷設がはじまったが、山車巡行を維持するため、荘厳寺で集会がもたれ、電線網の引き上げをもとめ、引き上げ箇所については当該町が負担することとなったという。佐原の町衆は、大人形飾りの伝統に固執し、この困難を超えるため、必要な箇所について電線の高さを上げさせたのである。工夫はさらにつづいた。「中枠」のない佐原型山車の特性を生かして、大人形のせり上げのために、人形胴の下部を収縮自在にした「提《ちょう》灯胴《ちんどう》」と呼ばれるしくみを工夫し、中心棒の上げ下げの装置と合わせて、大きな上げ下げを可能とした。

電線網の引き上げと、「せり上げ」つきの佐原型大人形飾り山車への工夫は、大正期以後も、佐原だけが東京の人形師による一丈（三・三メートル）を超える大人形造りを引き寄せた。現在の佐原の山車大人形飾りは高さ四～五メートル、山車高四メートルを超え、人形をせり出した全体の高さは九メートルに達する。このような比率の人形飾り山車は（佐原系山車を巡行させる潮来などを除いては）他にはない。

電線が網の目のようにはう環境の中で、佐原の大人形飾り山車造りは存続し、関戸の東西分町によるものをはじめ、昭和に入ってもつづく。前述のように昭和九（一九三四）年秋、西関戸区との提灯の数による揉めごとに端を発し、享保以来の最古の山車を保ってきた関戸山車は解体されたが、翌一〇年には東関戸、西関戸がはやくもそれぞれに山車本体を建造している。

宝石時計
岡澤宝飾(株)

秋祭り、右から北横宿「日本武尊」山車、下新町「浦嶋太郎」山車、仲川岸「神武天皇」山車

（上）下分「小楠公」山車、（下）上新町「諏訪大神」山車

（上）上中宿「鎮西八郎為朝」山車、（下）西関戸「瓊瓊杵尊（ににぎのみこと）」山車

源頼義
下宿区
源氏三町総
下宿区

「源氏三町総踊り」。香取街道、馬場酒造前

NTT
江戸優り
佐原
NPOまちおこし

東関戸「大楠公」山車

浦嶋

下新町「浦嶋太郎」山車の「のの字廻し」

ちばぎん

下新町「浦嶋太郎」山車の「のの字廻し」、囃子は牧野下座連

新橋本
道
新橋本
新橋本

西関戸は、いったん二分した山車彫刻の半分を東関戸から譲り受け、元どおりのかたちに復元、昭和一五年には人形飾り「瓊々杵《ににぎの》尊《みこと》」を鼠屋の手で完成させた。

一方の東関戸は一〇年に八日市場の太田棟梁に頼んで山車本体を製作するとともに、人形師・大柴護豊に依頼し、「楠木正成」の大人形飾りをいちはやく完成させている。同じ年、下分でも人形飾り製作の希望があり、下分の人形は「楠木正行」となり、同じく人形師・大柴護豊が製作。これにより、「楠木父子」の人形飾りができあがった。興味深いのは「楠木父子」人形の下半身の拵《こしら》えである。本宿、新宿の他の人形飾りの多くは、「提灯胴《ちょうちんどう》」の工夫のため、衣装をひろげて内部を見えなくしているものが多い。「楠木父子」のばあい、下半身にも武具をつけた脚拵えをし、すっくと立つ姿をもとめた（背部からみると、せり上げの棒が腰のあたりに見える）。この立ち上がりの高さ感覚は、他の山車人形飾りとはおよそ異なっている。東関戸の「楠木正成」は特にこの趣きがある。これは、「永代触頭」関戸の伝統を継承して、先頭に立つ姿を求めたものだろう。ちなみにいえば、「楠木父子」は南朝の忠臣だが、明治以後は「大楠公・小楠公」と呼ばれ、明治一三年、正《しょう》一位を追贈されている。昭和一〇年代は、戦争の時代。英傑忠臣が求められ、人形飾りの像にもその影響がみられる。これもまた神人像のすがたの一つであろう。

戦後の昭和五五（一九八〇）年、上宿は、長く誇りにしてきた「三蓋傘鉾」をやめ、大人形飾り「源義経」を取り入れた。「ひよどり越え」の逸話に託して、「上宿」の高みから佐原の町を俯瞰する「守り神」の視線を人形飾りに籠めたのかもしれない。

18 人形造形の系譜—頭、首の大切さ

●江戸人形師、最後の花

江戸〜東京の人形師は、鼠屋福田萬吉が鎌倉大仏座像を二分の一にした張子像を造り、二つ切りにして明治六（一八七三）年のウィーン博覧会に送ったというような特別の例はあったとしても、通常の仕事は六尺（二メートル）前後の人形造りが主だった。山車人形のような大人形の特別な制作では、自町の山車をよく知っている施主の希望をかなえるのが職の大切な基準であったろう。佐原の町衆がこれを望んだのだ。

具体的にみると、江戸人形師の伝統を受けつぐ「鼠屋福田萬吉」は、北横宿＝「日本武尊」、下新町＝「亀と別れる浦嶋太郎」、新橋本＝「小野道風」、上中宿＝「鎮西八郎為朝」、同じく江戸最後の人形師といわれた「古川長延」によって下宿＝「厨川の柵の源頼義」が制作されている。これらの、現在も使われている人形頭《かしら》からその全身像をみる限り、制作時に人形高四メートルを超えるものとして造られたことはあきらかである。類する作例は、いま知るかぎりでは佐原以外には見出せない。これは、佐原の町衆が江戸人形師に求めた大きさを証明する。また、鼠屋福田萬吉と古川長延の制作になる佐原山車人形の頭《かしら》（あるいは「首」）は、その大きさとともに、作そのものが並々ならぬものであることがしられる。これらの頭は、江戸末〜明治という時代の人形師の到達点をしめす作品なのだ。

各町では、人形頭《かしら》の傷みを避けるため、今では三年に一度の本祭り以外は複製の頭を人形胴に嵌め、山車に載せるようになった。

正年番・新橋本「小野道風」山車。忠敬橋上での「曳き別れ」⇒

本祭以外に本物に触れる機会は、観衆にはあまりない。複製に全て㈱京都科学の技術によってなされたが、酷似しているとはいえ、本物のもつ風格と複製とがいかに違うかは、むかしの山車巡行の写真をみればあきらかである。二〇一四年の秋祭りでは、鼠屋福田萬吉作の本物が見られたのは、下新町・菅井家に置かれた「浦嶋」の頭だけだった。菅井家では、本物の頭は入口を入った土間横の座敷に飾られている。もう一つの頭が山車に乗せられ、町々を「車輪の如く」巡るのを、ほんものの頭は、そこに居つづけて見届けていることになるのだった。これは真なるものの写実だときりっとした顔立ちのもつ理念性は、江戸人形師のもつ伝統によって、等身大以上の風格ある造形に造りあげたものといえるだろう。

二〇一五年五月末、「小江戸さわら会創立二十周年記念」として、「福田萬吉制作による山車人形三体揃い踏み」の催しがあり、福田萬吉によってつくられた本宿の寺宿山車人形「坂田金時と山乳母」、新宿の北横宿山車人形「日本武尊」にくわえて、「潮来祇園祭」濱壱丁目の山車人形「神功皇后」が「里帰り」として参加し、巡行がおこなわれた。福田萬吉作の三体の首《かしら》をはじめて観ることができた。里帰りの「神功皇后」は、元は本宿・本上川岸の山車人形だったが、昭和四三年、潮来町濱壱丁目が購入したもの。濱壱丁目山車では、今でも本物の首《かしら》を毎年用いているという。じっさいに、鼠屋福田萬吉作を観て、あらためて江戸人形師の到達した造形のみごとさを感じないわけにはいかなかった。

つぎに登場する二人の「生人形師」は、明治の息吹を受けながら、新たな写実の造形をもとめた人形師たちだが、江戸人形師との境界は微妙なものだ。二〇一五年秋、幕末に「横浜絵」を創始した五姓田《ごせだ》芳柳《ほうりゅう》の次男、洋画家・五姓田《ごせだ》義松《よしまつ》の大回顧展が神奈川県立博物館でおこなわれたが、その写実性には西洋絵画が画題とした表現性を超える深さをたたえる作品があった。鼠屋福田萬吉の人形造形をふくめ、この時代、日本の写実性は確かな到達を示している。

●二人の「生人形師」

二人の「生人形師」とは、初代・安本亀八（文政九［一八二六］年～明治三三［一九〇〇］年）と松本喜八郎（文政八［一八二五］年～明治二四［一八九一］年）。大正期に佐原の山車人形を手がけたのは、二代目安本亀八である。

初代・安本亀八と松本喜八郎は、熊本で兄弟弟子であったというが、幕末、弟分の松本喜八郎が先に大阪・江戸に出て、「生人形師」として東都で名を売った。松本喜八郎による最初の生人形の展示は、嘉永七（一八五四）年、大阪で「異国人物」だった。翌安政二（一八五五）年、新門辰五郎の援助で、同じ作品が浅草奥山に展示された。さらに一年のちには、奥山の仮小屋に『安達原』の鬼女、『水滸伝』の豪傑、『忠臣蔵』の討入りなど六二体の人形を並べて人気を博し、つづけて『浮世絵四十八癖』を展示。明治四（一八七一）年には、『西国三十三観音霊験記』を奥山に四年にわたって展示、札所ごとの霊験伝説を生人形で表現した。この展示を見た江戸彫刻師の伝統をひく名匠・高村光雲は、「実に結構なもので、何とも云へない作でございます」と『名匠逸話』で回顧しているという。明治五（一八七二）年には、文部省の委嘱を受けて耳の模型を制作、オーストリア・ウイーンの博覧会に出品してもいる。さらに明治一二（一八七九）年には、『西国三十三観音霊験記』を持って大阪・千日前

南横宿「仁徳天皇」の頭（かしら）、三代目安本亀八作の真物。本祭では山車に乗る。

で興行、ここでも大人気を博した。この作品の影響はさらに人形浄瑠璃にまで及び、大阪・大江橋席での『西国三拾三所観音霊験記』上演までになった。奈良・壺坂寺の伝説としてしられる「お里沢一の物語」は、喜八郎の生人形に発するという。耳の模型が海外でも高く評価されたように、喜八郎は西洋で制作された人体模型にも対抗しうる驚くような力量をしめし、高名な医師・松本順は「百物天真創業工」との賛辞を呈したという。

初代・安本亀八も熊本から上京、生人形師として名を馳せ、明治二一（一八八八）年には浅草公園池の端で『東海道五十三次』を展示しているが、これを最後に「高貴の顕影《げんえい》製作の他、衆人縦覧の場に陳列するの木偶《にんぎょう》は断然製作」することを表明、貴顕紳士を相手とする仕事をめざしたという。大正期の名人形師「三代目安本亀八」（明治元［一八六八］年〜昭和二一［一九四六］年）は、長男の二代目が早くに亡くなったため、次男を三代目とした（以上は、倉田喜弘著『明治大正の民衆娯楽』岩波新書、一九八〇年に拠った）。松本喜八郎と安本亀八父子は生人形師として最もしられた人物であり、喜八郎の山車人形は、唯一、桐生祇園祭の人形「素盞嗚命《すさのおのみこと》」に残るのみ（一五三頁注★★）。初代・安本亀八の山車人形はなく、三代目安本亀八作だけが佐原の山車に残る。

では、江戸人形師の伝統を受け継ぐ人形と、生人形とはいかに違うのか。これをつぶさに考えられるのが佐原の山車人形飾りでもある。その理解はまた、この国の人像造形史を捉えるものでもある。

●三つの人像造形の流れ

いったい人像造形の中で、「人形」とはなんだったのか。人像造形を理解するには、少なくとも、⑴仏像および神像の流れ、⑵人形《ひとがた》の流れ、⑶仮面の流れ、の三つの流れと、人像身体と衣装との関係に着目しておく必要がある。

仏像は、大陸から完成品が伝えられるとともに、渡来工人の手で制作技術が伝えられた。金銅仏、鉄仏、石仏、木造仏、乾漆仏、塑像仏があるが、最も普及したのは木造仏と石仏だった。木と石とは身近で使いやすいというだけでなく、木、石そのものに霊的な宗教性が含まれていたことにもよる。立木を生かして仏を彫った「立木仏」は、東国、筑波山系の信仰にも伝えられている。

歴史的にみれば、平安前期の一木彫成像は、すでにこの時、木がもつ霊性と仏教の精神性を統一した人像造形の頂点に達していた。同じ頃、仏像に習って神像彫刻も神の威厳を体現する造像の頂点に達している。神像でいえば、東寺若宮八幡神像や松尾大社男神像があげられるだろう。これらの仏・神像は、身体の上に簡素な衣装を纏っているが、身体と衣装の造形は一体であり、衣文の動きは仏・神の霊性の動きそのもののように造形されている。現世の人のありようを超えて顕われる超越性を観る者に与える。

このような身体の造形感覚は、平安後期・藤原時代の寄木造りを経て、鎌倉期の木彫仏のなかで解体される。鎌倉期の人像造形では、祖師の頂像《ちんぞう》彫刻や、運慶作の仏像について写実性が語られるが、一方で快慶作のような高い装飾性をもつ仏像の出現を見ると、造像意識の根底に、身体がもつ霊性のあり方が変容したのだと考えるのが適切とおもえる。快慶こそが、身体と衣装のもつ「装飾性」をはじめて明確に分離した。快慶の衣装造形は、身体と一体ではなく、現世的な荘厳な装飾を指ししめす。もはや簡素な衣装ではなく、光輝くような衣装に包まれて、仏や神は現世のただ中に顕現する。そして、装飾に包まれる仏や神の身体は、ただ頭《かしら》の表情だけであらわされる。頂像《ちんぞう》と呼ばれる祖師の肖像彫刻も、その名の由来の通り、「頭部の相貌」をあらわし、肖像の集中点は頭《かしら》にある。「頭部」をいかに扱うか、衣装をいかに扱うかが、人像造形の大切な無意識の課題として、この時期に登場した。快慶作品に、まさしく「人形」に近い仏像造形であろう。そして、同じ頃、「裸形像《らぎょうぞう》」と呼ばれる造形が登場する。各地の「聖徳太子」像などにみる裸形像は、ふだんは衣装に包まれて中身は見えないが、衣装をはずすと生身《なまみ》の人の身体がみごとに造形されている。ここでは、はっきりと身体と衣装とは分離されている。とはいえ、生身の身体の集中点は、裸形が衣装に包まれてあらわれる「頭《かしら》」にあることはあきらかだ。この「頭《かしら》（首）」の造形こそが、身体造形を「人形《にんぎょう》」として表現する感受と結節している。

「人形（にんぎょう、ひとがた）」の起源は、すでに先史縄文時代の土《ど》偶《ぐう》★・石偶に遡るが、それだけではなく素朴な草人形《くさひとがた》や木偶《もくぐう》にも起源する。土や石や藁・蔓や木・枝でつくった人形《ひとがた》では、人像の特異点、頭（首）や「生《いき》の緒《お》」と呼ばれる臍と身体中心線の印、乳房や尻部、性器などが造形されるが、最もたいせつなのは頭（首）であった。棒状の身体に頭部さえあれば、もっとも素朴な人形《ひとがた》であ

江戸のおもかげを強く残す新上川岸「牛天神」山車。

⇐新上川岸の「牛天神」山車。かつての祭礼のすがたがよくうかがえる。昭和三〇年代

りえた。平安時代に雛の原形となる人形《にんぎょう》が生まれたとき、芯となる材料に藁を巻いたりして衣装を着せつけ、そこに「頭《かしら》」を嵌めさえすればよかったのは、草人形《くさひとがた》の伝統からきている。

仮面もまた、先史縄文時代、共同体の祭式に神霊をまとう者が仮面をつけて出現したのにはじまる。この祭式の伝統は歴史時代にまで続いた。さらに大陸宗教がもたらした追儺《ついな》面や行道《ぎょうどう》面が加わり、やがて猿楽《さるがく》面、そして能面《のうめん》が生まれる。面をつけた者は、面の顔貌・表情によって神仏を体現しながら、身振りをし、舞う。そこでも、最も大切なのは人形の頭《かしら》にあたる面貌となる。

三つの人像造形の流れは、いずれも「頭《かしら》（首）」に集中している。人像造形は、頭《かしら》のもつ顔貌・表情の表現と衣装取扱いの展開のうちにあらわれる。そして、もし顔貌・表情の写実性が衣装と一体となった精神性をいえば、奈良時代、唐招提寺の鑑真《がんじん》和上像のうちに早くも頂点といえる表現がある。頭と衣装が一体化した表現の確かな実在感はこの時すでに生まれ、頂像《ちんぞう》彫刻へと続く。

一方、衣装から分離された頭または首、面の表現には時代性がみられる。能面の顔貌では、演ぜられる「劇」にしたがった面の向き、傾け方、演技によってまさに劇的に表情が変わるように造られている。能面の劇的表情の多面性は、それまでになかった表情表現を生み出した。その後をつぐ文楽人形、浄瑠璃人形（人形浄瑠璃は各地の農村にまで普及し、人形も盛んに造られている）は、能面のような劇性はもたなくなったが、音曲と謡による「語り」に添って、表情をつくりだす「物語性」が頭《かしら》の表現に含まれるようになった。

★縄文土偶の多くは、集落祭儀の場で意図的に壊されたとみられる形で出土する。これとは別に、ほぼ完形のみごとな土偶や神像土器も出土している。これは、各地の祭りで破却される人形と、祭りの場などに破却されずに残される人形があったこととかかわる、古くからの祭りのありようを示唆している。

（上）北横宿「日本武尊」山車、（下）南横宿「仁徳天皇」山車

西関戸「瓊々杵尊」山車、小野川岸の夕べの手踊り

●山車人形とはなにか

近世に生まれた山車人形は、作品それぞれに傾向があるとしても、人形雛、能面、文楽人形、浄瑠璃人形のもつ表現性を踏まえて展開してきた。江戸人形師・鼠屋福田萬吉作になる新宿・下新町の山車人形「亀と別れる浦嶋太郎」をみると、題名にすでに物語が含まれるが、その頭《かしら》のもつ適切な写実性ときりっと引きしまりながら、ひろびろとした顔立ちのうちに、悠々とした人柄が読みとれる。山車人形のもう一つの特徴は、理想化された表情が庶民的にしられた多様な人物像によって造形されたところにあるだろう。

では、松本喜八郎・安本亀八らによる「生《いき》人形」の造形はどうか。江戸人形師との違いをいえば、顔貌の理念性より、はるかに皮膚面のリアリティを出そうとしたところにある。喜八郎は庶民の現身《うつしみ》・肉そのものを物語に託しながら庶民の身体の実相に近づけて描き、西洋の人体模型を知る欧米人が驚くような人体像を創りだした。喜八郎による桐生祇園祭の山車人形「素盞嗚命《すさのおのみこと》」は肉の表現のうちに、物語の迫力を体現させようとしている。初代亀八は貴顕の肖像をそっくりに描こうとし、山車人形を造らなかった。

三代目亀八は山車人形をつくった。その造形は、山車人形に求められる人物の理想像と初代亀八が求めた顔貌の生《なま》な写実性をあわせもつものとなった。江戸人形師の到達点と生人形師の到達点が交差するところに、佐原山車人形の特質がある。

それだけではない。すでに述べたように、文楽人形あるいは浄瑠璃人形のかたちを残す新上川岸＝「牛天神こと菅原道真」および下川岸＝「素盞嗚命《すさのおのみこと》と奇稲田姫《くしなだひめ》に八俣大蛇《やまたのおろち》」の山車人形には、江戸人形師がもった古典的造形をもみることができる。

これらの多様な山車人形の華《はな》が巡行するところに、佐原山車祭りの優れた文化遺産とこれを観る楽しみがあるだろう。

19 祭りと儀礼——創りだされる約束

●踏切渡りから生まれた着脱儀礼

夏祭り、八日市場の「わら造りの鯉」の山車を小野川沿いに追いかけていたら、鯉がクレーンで吊り上げられている不思議な光景に出会った。まさしく天空を泳いでいるようだ。近づいてみると、JR線路の踏切を渡るには、鯉を山車に乗せたままでは鉄道の架線をくぐれない。このため、山車の後にクレーン車がついて回っている。船戸町に巡行するために渡ると、自町に戻るために再度、この作業をしなければならない。

JR鹿島線の踏切を渡るため、頭と衣服を着脱する

次に秋祭りの予定表をみると、祭り三日目は特に新宿側のJR踏切を横断する山車が次々とあるが、横断する山車の人形はそのままでは渡れないのだという。どうするかは「まあ、観てごらん」と言われた。待ち構えていると、ある山車人形は、まず頭《かしら》をはずし、上着の衣装も全部はずして木でできた胴部がまともに曝されたまま、線路を渡る。ある山車人形は、雛人形のように、衣装はそのままで、頭《かしら》だけはずして渡る。ある山車人形は、頭《かしら》をつけたまま、胴まで後に反り返るようにして、背丈をちぢめている。踏切の前でいったんこの作業をやり、渡ると元のきりりとした人形姿に仕上げ直す。まことに手間がかかる手続きを、じっくりとやってのけている。これは、まさしく祭りの「儀礼」を観ているのだ。もとは、大人形飾りを生かし続けるための線路越えの工夫だったが、観ていても興味深い「儀礼」となった。

若衆たちが人形の着付け・装着をおこなう機会はそう多くはない。線路越えのたびに、この技を一つ一つていねいに「順序」立てておこなうことで、はじめて山車人形は生き生きと甦る。人形飾りを倒している姿を称して、若者が「死んでる、死んでる」と叫びながら走ってきた。なるほど、人形は若衆の手で死に、ふたたび甦っているのだ。そして、この甦りのためには「ていねいな手続き」と「順序」を誤らないことが欠かせない。この二つは、全ての暮らしの営みと仕事の中で大切なものであり、儀礼はこの大切なものを伝えている。人形の神は、この儀礼を経てふたたび

JR 鹿島線の踏切を渡るため、起重機で吊り上げられた八日市場「鯉」山車

甦る。祭りが存続するためには、その時々の試練を超えるための工夫があり、超えることによって新たな「儀礼」が生まれる。

20 小野川の浄化と祭りの新たな創造

●小野川を核とした新たな「祭り空間」

現在の夏祭り・秋祭りにみる「佐原の大祭」山車祭りができあがるまでの歴史文化については、ここに記した事柄は大容に過ぎない。まだまだたくさんのことを書く必要があるが、大切なことについては諸家のエッセイをみられたい。本章の最後に、現在の大祭のかたちが本宿・新宿の境界をつくる小野川を核として出来上がるまでのいきさつを小森孝一氏の談話を踏まえてまとめておきたい。

「境界」に背をむけて放置すれば、境界両側の関係はそこで断ち切られ、そこは両側の人びとの吐き出し口となり、辺境となる。かつては、水郷水運の拠点として小野川に集まる舟は、人と荷、ともに殷賑をきわめた。その川水が生活廃水の捨て場となって汚れ、川底には捨てられた器物や汚泥がたまっていた。本宿の夏祭りと新宿の秋祭りでは、祭礼で人が集まる場所は川のすぐ傍なに、心のどこかで、お互いに背を見せるようになってきた。この事態を超えて、佐原全体の祭りとして祝い、人びとを引きよせるには、小野川を境界とする関係に違った見方を導かなくてはならない。小野川がかつてもっていた力を再興させるためには、どうすればよいか。境界がもつ背反する事態に向き合い、これを超えようとするとき、そこに新たな文化が生まれる。

一つは、小野川を基軸としてその周辺に数多く残る伝統的建造物群の価値を文化財として高める活動がなされた。この成果は平成八（一九九六）年一二月、関東ではじめて「国指定重要伝統的建造物群保存地区」に選定されたことで、達成の一段階をしるした。平成二三（二〇一一）年三月一一日におこった東日本大震災では、小野川の川底が盛り上がり、両岸の民家を中心に倒壊、損壊などの甚大な被害がでた。この修復には多大の経費がかかったが、国指定の建造物として多額の補助にくわえ、地元の佐原信用金庫による低利融資で、復興は迅速におこなわれた。また、平成一六（二〇〇四）年に「佐原の山車行事」は、国指定「重要無形民俗文化財」に指定された。

二つ目は、祭りそのもののありようの革新だった。この革新には、佐原のまちづくりに結集した人たちの尽力がある。祭りの山車曳きは、惣鎮守が氏子とする町域を廻るのが本来だから、氏子圏に属さない対岸に山車が入るのは、互いに認め難かった。小野川を祭りの周辺ではなく、中心に据え、小野川に沿う両岸の道に相互に入ることができれば、複数の橋を使って自在に周囲を廻るような山車引き廻しのかたちが生まれる。観客もそこに集まってくる。

小森孝一氏によれば、まず諏訪神社宮司に意見を聞いた、という。他の神さまの氏子地域に入るなどは許されない、とすぐに反対された。どうしたらよいかと迷っていたところ、諏訪神社の神輿が忠敬橋の真中で「お浜下り」の儀式をおこなっている絵葉書が目に入った。橋の真中で、隣りの氏子圏を跨いでいるではないか。小野川を境界の線としてではなく、「場」「面」としてみれば、両岸の道だけは相互に山車を廻してよい場所になるのではないかと、あらためて宮司に交渉した。宮司は自分だけでは決められない。氏子総代会に相談する、という。そこで、小森氏は前もって氏子総代に話をつけ、総代会の了承を踏まえて、本宿側に相談した。最終的に諏訪神社と八坂神社、および双方の氏子会の総意のもとで「議定書」が交わされ、山車祭りでは、相互に、小野川両岸の道を自由に曳き廻すことが認められることとなった。

この山車巡行の場の広がりは、祭りの空間と焦点を大きく広げることとなった。小野川両岸は、境界・周辺ではなく、祭りの中心の場所となったのである。本宿・新宿の氏子圏という双分された町のかたちが、沈滞へと向かうものではなく、小野川を核とする賑わいの場として甦った瞬間であった。

三つ目は、小野川の「川ざらい」などの環境整備である。長年、生活廃水などで汚れた川水を浄化する努力が小森孝一氏たち、町の人々のまったく自主的な努力によって果たされた。祭りの際にかぎった交通規制、規制の元となる利根川堤に置かれた大駐車場、駐車場から観客を運ぶ川舟の運行など、祭りの「新たな場」を創出するための努力が町の人たちの発想と努力によって進められた。

四つ目は、最初にあげるべきかもしれないが、女衆の祭りへの参加だ。戦前までの山車巡行では、女性が山車を曳くことはなかった。今では男衆と同じ股引き姿で山車を曳く女性も多くなり、もともと芸者がおこなった手古舞は、若い女性や子ども連れのお母さんたちの楽しみになった。小野川筋の夕べから夜にかけて広がる男女若衆の群舞、その喚声は、かつては考えられないものだった。

もっとうれしいのは、二、三歳の子どもまでが若衆たちにまじって、無心に手を振り、歩むすがただ。祭礼をつくる町衆には、確かに大人たちの年齢階梯にもとづく規範がある。それはとても重要なものだが、一方で祭りをつくる町の人たちの自由な歓びの裾野もまた大きなものになった。

「佐原の大祭」は、「町々車輪の如く」という言葉に託されたように、二つの惣町に参画する各町が、町と住民の自治と繁栄のために欠かせない「規則」をみずからの手でつくりだし、その暮らしから生まれる「花」を、夏と秋の季節に互いに祝福しあい、楽しむものであった。この楽しみは開かれて、山車をもたない町内もふくめ、さらに周辺地域の人々を招き、共に楽しみを共有するものでもあった。観光に訪れる人たちへのもてなしもまた、祭りの楽しさを共にする中で、暮らしの営みとその持続とはなにかを、気がつくとからだで感じ、気づかされる祭りの場の出会いとなる。

21 山車祭りにつどう人々——祝祭の深層

最後に、二年にわたって佐原の祭礼を観るなかで、時とともに、印象をつよく残した事柄を記しておきたい。それは、祭礼ではまちのあらゆる人が出てくるということだ。髪を髷に結った袴すがた、下駄を履いた武道家の青年が、あでやかな和服姿の婦人とともに歩いていると、はれやかな匂いがただよう。二人はにこやかに人々のカメラの前に立ち、祭りの雑沓に消えた。山車の連なりをいかにもうれしく、にこにこ笑いながら観ていた中年の大将が、「どうだ、すごいだろう」、「お前も認めろよ」とばかりのまなざしの合図を送って、人の顔をじっとみつめてくる。「そうだね」と眼で応答し、しばらく観ていると、すこし遅れた人とおもえた。その人は祭りのあいだじゅう、なんども出会うことになった。素直に、まことに祭りがうれしく、答えをまなざしで求めている。

伊能忠敬記念館、敷地裏手の公衆トイレは、瀟洒な和風の屋根をもち、その清潔さは全国の公衆トイレでも指折りのものだろう。幼稚園の子どもたちがトイレ前の石組みに腰掛けていても、すこしの汚れも感じないぬくもりを持つ。その制服すがたの園児たちが先生を先頭にたがいに手綱をもって列を組み、小野川べりに置かれた山車のほうに出て行く。川の対岸の道にはもう一組の制服のちがう園童の列が歩いている。手綱というのは、山車を曳くそれと同じだ。その小さな子たちが、お祭り広場の会場舞台では、お母さんと並んで手古舞を舞い、両手を前に手拭をくるくると廻している。あれは「のの字廻し」の手はじめだ。対岸の道の情景がすこし替わって、そこに背の高いキャリー（おさんぽカー）に五、六匹の犬をのせた婦人が通っていく。犬は衣服を着て、お飾りをつけている。まるで山車人形に会いにきたように、「ほら、○○さんだよ」と語りかけて、山車の傍を抜けていく。仁井宿の鷹の山車に、鷹匠志望の若者が飼っている鷹★を見せに連れている。

山車祭りでは、人形飾り山車だけが「車」で登場するのではないらしい。ペット・キャリーもそうだが、赤ちゃんをのせた乳母車、空の乳母車を押すお年寄りたち、車椅子に乗る人。病で臥せていたらしい男の子が同級生に連れられて、人ごみのなかを進む。休憩所では動けない中年の大きなからだのお兄さんが、だんごを口に運ばれてほおばっている。どうやら、祭礼はまちのどんな人をも外に呼びだすらしい。

★日本の「鷹」や「白鳥」の信仰伝承については、谷川健一『白鳥伝説』および『四天王寺の鷹』が読んでたのしく、かつ重要である。白鳥は「たましひの鳥」であり、鷹はその白鳥を追う鳥という折口信夫の説に依拠して物語を展開している。また、谷川健一のもう一つの著作『神・人間・動物』では、主題の重要さにもとづきながら、「鮭の大助」伝承を検討している。鮭の民俗と儀礼については、北海道の八雲町で「まちおこし」と「研究」に取り組み heartland.geocities を運営、そこに発表している論文「北太平洋沿岸地域におけるサケの民俗と儀礼」が、その他の論文とともにとても参考になる。

八坂神社の祇園祭で、神輿行列がはじまるのを待って大勢の人たちがとりまいていた。本社殿に向かって左手、山車会館の建物に寄せるように荷台車を据え、その上に一人のおばあさんが腰かけていた。行列がはじまり、本社殿を三度まわる儀式となる。観客はこれをとりまいて前にでる。すると、背中を突く人がいた。おばあさんだった。「もう何年も祭りを見なかった。見納めにきたから、どいてちょうだい」という。「ああ、ごめんなさい」と、他の人にも呼びかけ、荷車椅子を押して前に出てもらった。いよいよ行列が[illegible]天狗面をつけた猿田彦が高下駄（天狗下駄）を履いてあらわれた。猿田彦が通りすぎたとき、おばあさんがつぶやくように言った。「むかしは、天狗さんは一本歯の朴歯《ほうば》下駄を履いていたんだが」と。「ああ、そうでしたか」となにげなく答え、それからは互いに沈黙してしまった。行事はそのまま進み、参道脇の神事へと移ったため、おばあさんのことを忘れてしまった。しばらくして、はっと気づいた。「もしかしたらあのおばあさんは、神さまだったのではないか」。

なぜ、そうおもったのかはよくわからない。荷車椅子はずいぶん使い古され、普段着でどこか汚れていた。しかし、皺の多い顔に、眼だけがしっかりと人を見据え、大切なことで叱られたような思いが残ったからかもしれない。急いで探したが機会は失われた。

祭礼山車の原形は一つに貴人や戦士の乗り物だが、もう一つは荷車だ。庶民の運び車は古くは「土車《つちぐるま》」★と呼ばれた。

「土車」で知られるのは説経節「小栗判官《おぐりはんがん》」だ。鞍馬毘沙門の申し子、「天よりも降《ふ》り人の子孫」といわれた常陸国東条、玉造の御所の小栗判官は、武蔵、相模、両国の郡代・横山殿の娘、照手姫と結ばれようとしたが、横山親子により殺害され地獄に落ちる。地獄の閻魔王は、小栗を「餓鬼《がき》」のすがたとし、胸札をつけて藤沢の上人★★のもとへ送る。胸札には、「熊野本宮、湯の峯にお入れありてたまはれや……」と閻魔王自筆の御判があった。上人はさらに「この者を、一引《ひとひ》き引いたは、千僧供養、二《ふた》引き引いたは、万僧供養」と書き添え、「土車《つちぐるま》を作り、この餓鬼阿弥《がきあみ》を乗せ申し、女綱男綱《めづなおづな》を打ってつけ、御上人も、車の手縄にすがりつき、えい[illegible]「施行《せんぎょう》の車」を熊野本宮湯の峯へと道送りにし、土車は美濃の国、青墓《おうはか》の宿まで送られた。小栗を追って屋敷を抜けたのち、身を売られた照手も、青墓《おうはか》の万屋で下働きとなっていた。照手は土車の餓鬼阿弥が小栗とは知らず、小栗の供養のためにと土車を曳き、大津、関寺までとどける。餓鬼阿弥はついに熊野本宮湯の峯へとたどりつき、蘇生して、ふたたび常陸に帰り、照手姫と結ばれる。餓鬼阿弥を乗せた土車と女綱男綱《めづなおづな》、これを曳くのは「千僧供養、万僧供養」になる、というのは、天より降《ふ》りし貴種の流離《りゅうり》の姿である餓鬼阿弥こそが、蘇生する仏、神であることを示している。

山車人形飾りとして祀られる祖、敗亡の英雄が多い人像に、餓鬼阿弥の蘇生した神の姿にも等しい。東京佃島・住吉神社例祭で、その年に亡くなった氏子の家では遺影をかかげて神輿を待つ。神は遺影に対面して、その家のいのちのあらたまりを寿ぐ。山車巡行祭礼の根底には、生まれて日々を生きる世界を祝福するとともに、死と生き直りにかかわる想念もまた、深く働いているのだ。

★大阪の山車祭りである「だんじり」は漢字では「土車」。「だんじり囃子」の起源として秀吉の大坂城築城の祭に歌われたという伝承をもつ。築城には「土車」が欠かせないから、この伝承にも根拠があるのだろう。だが、「土車伝承」はさらに地層をさぐると「小栗判官」の物語とも結びついている。

★★神奈川県藤沢市の時宗清浄光寺（遊行寺）をあずかる上人。一遍上人が開いた時宗では、弟子をしたがえて諸国を遊歴する「遊行上人」がおり、「藤沢の上人」が亡くなると、「遊行上人」がその嗣を継いだ。伊能家文書のうちに、「遊行上人」の一行が佐原を訪れ、村でもてなしをする記録がある。

佐原囃子のこと

佐原山車文化研究会顧問　**菅井源太郎**

江戸から明治時代にかけての佐原囃子の記録はあまり無い。江戸、徳川時代の天下祭の影響を受け村の神楽囃子を乗せた山車祭が盛んになった。当時は江戸庶民の人気のあった歌舞伎の下座囃子に習って、山車の中の御簾の中から外を伺いながら和楽器を演じる一座を佐原では下座連と云った。

佐原囃子の曲の種類には大別して「役物」「端物」「段物」がある。「役物」は山車の初め曳き出しに奏され、まずサンギリ（砂切）から始まる。次に能や歌舞伎では新年やおめでたい時に演奏する「三番叟」がある。この中で能管が高音で「ピー」と吹き主役の登場となる。この「ピー」(昔の岩笛に由来)をヒシギと云う。高音(笛一丁)でヒシギを吹いて、佐原の山車曳きでも山車に神様を呼び込む。佐原の山車では大天上に飾ってある大人形が神様の依代になっている。山車が道の角を曲がる時には必ずヒシギが奏される。(新しい道に入る為)

次の佐原囃子の曲種は「端物」。

これは各地に残る囃子等「剣囃子、津島、大和、吉野」等々、江戸時代の流行歌「猫ぢゃ、そば屋、数え歌、大漁節」、地方の踊り曲「あんば囃子」等々五〇曲以上のレパートリーを持つ。佐原を中心に各地に残るレパートリーをそれまで口伝えて伝承していた囃子を、菅井誠太郎氏を中心に岡野全一郎氏、小川智通氏に

むかしは、写真のように山車内部に籠って囃子の演奏がなされていた

より、伊能忠敬先生百二十年祭記念として昭和二三年『佐原囃子集成』を出版した。これにより佐原囃子は譜面化（スコア）される事になった。

佐原囃子は日本三大囃子の一つに数えられている。京都祇園囃子、神田囃子、佐原囃子。佐原囃子は和楽器のオーケストラである。楽器編成は大小太鼓、鉦、大鼓、小鼓、篠笛のアンサンブル（全12〜15人位）。

次の曲種は「段物」。

「段物」は佐原囃子の中では本下座と云われ、芸術性の高いお囃子です。ヨーロッパは大きな都市に地元のオーケストラが在ります。佐原にも主地区に山車に乗る下座連があります。江戸優りを目指した佐原の旦那衆は、ヨーロッパのバロック音楽に精通した作曲家に佐原囃子の段物の作曲を依頼したものと思われる。

段物である「さらし、巣籠り、吾妻」等の作曲技法はバロック音楽の作曲形式、技法を用いている〈A. B. A. C. coda〉（繰返しでは2度目アドリブ）。「矢車」はロンド形式等。

篠笛はどんな音楽でも吹けるが、指孔が短調で空いているので佐原囃子では独特の哀愁を帯びた音階になっている。

『佐原囃子集成』［校閲・菅井誠一郎、編・岡野全一郎・小川智通、発行・水郷郷土芸術振興会、昭和23（1948）年］ではじめて佐原囃子独自の譜面化がなされた。いまもこの譜面が用いられている（川尻信夫監修、佐原山車伝説出版委員会編『佐原山車伝説』ニューエージェント刊、p. 95より）

秋祭り。新橋本山車の囃子連

夏祭り。荒久山車の囃子連

《佐原囃子》

●編成＝一二～一五名編成

笛方＝親笛一名。全体のリード役を務める。山車内部、前面中央玉簾を背にする。その他の笛方。山車前方両外側に四～六名。

下方《したかた》＝大皮（大鼓）。「チャンポン」「チャチャポポ」と曲全体のリズムをリード。選曲も担当。一名。

鼓（小鼓）。山車上後方両外側に腰掛ける。四～五名。

大太鼓。山車内部後方に上から吊るす。一名。

小太鼓（附締太鼓）。山車後部外側中央に腰掛け、山車上部に据えた二台の締太鼓を打つ。一名。

鉦（摺り鉦）。一名。

●曲目

役物（独り笛）＝一人の親笛を中心に演奏する儀式曲。

さんぎり（砂切）。山車の出発前と山車の曳き納めに演奏する。

馬鹿囃子。山車が動き出す。

はな三番叟。馬鹿囃子に続く。大皮と小鼓が加わる。

ひしぎ。角を曲るとき、のの字廻しの時。

引き返し（送り三番叟）。山車が角を曲がり切れない時、はな三番叟に続き演奏する。

段物＝さらし、巣籠り、吾妻、八百屋、神田、段七、盾、お七、くずし、曽我、新囃子。大太鼓は使わず、存分に笛を吹かせる格のある曲目で、ゆっくりとした楽調で奏でる。

端物＝多くは幕末、明治、大正、昭和戦前の民謡、俗曲、流行歌などを囃子用にアレンジした曲。猫ぢゃ、松飾り、おやまか、剣囃子、大和、津島、吉野、巣籠りくずし、ひしぼか、佐原音頭、佐原小唄、水郷小唄、串本節などがある。また、「端物」のテンポを速め「踊り曲」として、あんば―大漁節―松飾り―船頭小唄―吉野―佐原小唄―大杉あんば―ラッパ節などと続ける。「あんば、大杉あんば」は、大杉神社系の囃子曲。

《葛西囃子》（東都葛西囃子睦会・水澤勇氏からの聞き取り）

●編成＝五人囃子、五名で編成。

前列＝大太鼓（大胴）一名。

締太鼓（上《かみ》の締太鼓、下《しも》の締太鼓）二名。

後列＝笛（とんび）一名。

鉦（よすけ）一名。

●組曲＝六段構成。

1. 打ち込み（8拍2行。テ―ケ―テン―テン―テン―テン―テン―ステ―スク［間の言葉］／テケ―テン―テン―スケ―テン―テン―ドッ―コイ［またはヨッ―コイ］）。
2. 屋台。
3. 昇殿。
4. 鎌倉。
5. 四丁目《しちょうめ》（師調目・使丁舞・四丁舞。奏者によるアドリブを重視）。
6. 屋台。

●その他の曲。

「投げ合い」神輿巡行を迎える。

「忍馬」おかめ、ひょっとこなど馬鹿面踊りの曲に「寿獅子舞」の曲。

夏祭り。本川岸山車の囃子連

秋祭り。仲川岸山車の囃子連

秋祭り。上新町山車の囃子連

夏祭り。寺宿山車の囃子連

秋祭り。下川岸山車の囃子連

秋祭り。新橋本の若連、子どもの手踊り（おまつりステージ広場にて）

佐原囃子の下座連が乗る本宿・新宿各町の山車

下座連名	所在地	流派	創立年	佐原山車町内
牧野下座連	香取市牧野	牧野流	二〇〇年前	下新町山車
内野下座連	香取市内野	神里系内野流	一五〇年前	八日市場山車
清水芸座連	香取市小見川虫幡	神里系清水流	明治はじめ	田宿山車・下川岸山車
与倉芸座連	香取市与倉	玉造流	明治はじめ	浜宿山車
潮来芸座連	潮来市潮来	潮来流	明治五年	下分山車・仁井宿山車
野田芸座連	香取市小見川野田	神里系木内流	昭和二年	荒久山車・新橋本山車
山之辺芸座連	香取市山之辺	玉造流	昭和二二年	[前] 仁井宿山車
神崎芸座連	神崎町高谷	毛成・高谷流	昭和二三年	[前] 上中宿山車
佐原囃子連中	香取市佐原	牧野流	昭和二四年	寺宿山車・仲川岸山車
潮風會囃子連	潮来市潮来	[illegible]流	昭和三六年	新上川岸山車
東関戸連中	香取市佐原	牧野流	昭和四七年	上仲町山車・東関戸山車
鹿嶋芸座連	鹿嶋市宮中	潮来流	昭和四七年	上新町山車
源囃子連中	潮来市潮来	牧野流	昭和四八年	船戸山車・北横宿山車
新和下座連	成田市飯田町	玉造流	昭和五〇年	本川岸山車
あらく囃子連	香取市佐原	玉造系大戸流	昭和五〇年	南横宿山車
分内野下座連	香取市佐原	神里系内野流	昭和五一年	下宿山車
如月会囃子連	香取市佐原	牧野流	昭和五一年	下仲町山車
寺宿囃子連	香取市佐原	玉造流	昭和五三年	上宿山車
和楽会	香取市大戸	牧野流	平成六年	上中宿山車
雄風會	香取市佐原	牧野流	平成一四年	西関戸山車

秋祭り。東関戸山車の囃子連

小野川に小舟を浮かべて佐原囃子を演奏する分内野下座連

おじいさんと仲良く祭り見物

佐原の若連。やがて町衆のかなめとなる

佐原の大祭――山車祭り案内

【国指定・重要無形民俗文化財「佐原の山車行事」】
【ユネスコ無形文化遺産「山・鉾・屋台行事」登録】

「佐原の山車行事」は、平成一六（二〇〇四）年二月に国指定重要無形民俗文化財に指定されました。また、平成二八年（本年）一二月のユネスコの「無形文化遺産登録」では、平成二六年度の「和食」についで、「山・鉾・屋台行事」三三件が登録され、「佐原の山車行事」はこの一つとして選ばれました。佐原の町衆が創造してきた祭りの伝統が国の文化においても、また世界の文化においても大切なものとして評価されたのです。

【国選定・重要伝統的建造物群保存地区】

本宿と新宿のあいだを流れる小野川沿岸と、川と交差する香取街道一帯は、かつて殷賑をきわめた商都・佐原の伝統を残す建造物が立ち並び、水郷の情緒を湛えています。平成八（一九九六）年一二月、この地区が関東ではじめて「国選定・重要伝統的建造物群保存地区」に選定されました。このうち、三菱館、福新呉服店、小堀屋本店、正文堂書店、中村屋乾物店、中村屋商店、旧油惣商店、正上などの伝統的建造物は、県文化財の指定を受けています。

平成二三（二〇一一）年三月一一日に起こった東日本大震災では、小野川の川底が隆起し、川沿いの町並みが破損する大きな被害を受けましたが、この五年間の再建によって、ふたたび伝統的町並みが復活いたしました。川筋に張り出した荷役のための「だし」、「樋橋」、「商家」などのむかしからの風情は、佐原の山車「曳き廻し」のとっておきの背景をつくっています。伝統的建造物群の趣きと合わせて鑑賞ください。

【夏祭り――本宿鎮守・八坂神社「祇園祭」】

●祭りの日

本宿鎮守・八坂神社「祇園祭」と山車附祭り。七月の一〇日以降の金・土・日曜日の三日間。本祭は三年に一度。祇園祭の神輿巡行と一〇台の山車の各町内曳き廻し。

●曳き廻しの場所と見どころ、神輿の巡行

夏祭りの山車曳き廻し、本宿の香取街道と小野川両岸の沿道のほか、各町の道路、路地にまで及ぶ。山車曳き廻しのいちばんの見どころは、山車列が並ぶ場所、のの字廻しの場所、山車と囃子にあわせて手踊りが披瀝される場所などですが、各山車がどのように動くかを日時ごとにうまく把握できていないと、魅力的な場面に出会わないことになります。各山車にはＧＰＳが搭載されており、案内ガイドブックにあるＱＲコードをスマートフォンで読みこむと、各山車の現在地がわかります。パンフレットには「のの字廻しの指定場所」が書かれていますから、現在地情報と合わせて行動を考えください。ただし、山車曳き廻しは時刻どおりにいかないこともあります。

●交通規制

祭りの三日間、祭りの行われる本宿側、香取街道の忠敬橋から香取神宮入口交差点の間は午前一〇時から午後一〇時まで、自動車での交通は規制されます。車での祭り観光の場合、利根川河川敷の臨時駐車場に入り、小野川シャトル舟乗降場で小舟に乗り、お祭り区域に入ることができます。

●交通

近隣の町の方の多くは、ＪＲ成田線または鹿島線で佐原駅下車、そこから本宿まで徒歩で入ることになります。佐原駅は新宿側ですが、駅構内に「ＪＲ佐原駅観光交流センター」、駅近くに「佐原駅前ツーリズムインフォメーションセンター／一般社団法人水郷佐原観光協会」tel. 0478-52-6675があり、そこで祭りのおおよそを把握するのがよいでしょう。

東京から祭りを観光するには、関鉄グリーンバス高速バス「鉾田～東京線」で、東京駅八重洲南口停留所乗車、佐原駅南口まで一時間二〇分、または、千葉交通「銚子東京線〈佐原ルート〉」で、浜松町バスターミナル発、東京駅八重洲口前停留所から佐原駅北口まで約一時間二五分。ＪＲ成田線では千葉駅発～佐原駅の普通列車でおよそ一時間一五分かかります。

【秋祭り――新宿鎮守・諏訪神社「例大祭」】

●祭りの日

新宿鎮守・諏訪神社「例大祭」と山車附祭り。十月の第二土曜日を中日とする金・土・日曜日の三日間。本祭は三年に一度。神輿巡行と一四台の山車の各町曳き廻し。

●見物の場所と見どころ

新宿旧町の範囲は、ＪＲ佐原駅を南へまっすぐに進んだ諏訪神社一の鳥居付近からさらに西側の集落にまで及ぶ西関戸から、香取街道にまでおよぶ広範囲な地区となっています。

「のの字廻し」などの祭りの核となる場所は、佐原信用金庫本店前交差点、千葉銀行佐原支店前交差点、柏屋前交差点、香取街道沿いの旧風月堂前交差点、忠敬橋近くの「わくわく広場」前、そして、小野川沿いの道となる。夕刻からの風情は、小野川沿いの両岸を曳き廻される山車群と囃子にあわせた手踊りの群舞になる。「山車整列」「のの字廻し」の場所を除いて、各町の山車位置の案内は広報されていません。案内ガイドマップにあるＱＲコードをスマートフォンで読みこむと、各山車の現在地がわかります。

●交通規制

祭りの三日間、祭りの行われる新宿側の旧町域内は午前一〇時から午後一〇時まで、自動車での交通は規制されます。利根川河川敷臨時駐車場に入り、シャトル舟乗降場で小舟に乗り、お祭り区域に入ることができます。

【祭り会場・案内処】

●おまつりステージ広場

佐原信用金庫本店駐車場に特設され、翔踊会による手踊り、各町若連による手踊り、「神楽演奏」など地域の伝統芸能の披露。食事や休憩の場にもなっています。

●特設広場

わくわく大休憩広場、にぎわい広場・小江戸茶屋、ふるさと産品広場、観光交流広場、駅前広場が特設広場として設置され、休憩処や交流の場として地元産品など飲食物の販売が行われます。

●佐原町並み交流館と忠敬茶屋

本宿側の香取街道、レンガ造りの三菱館隣りに「佐原町並み交流館」tel. 0478-52-1000があり、佐原の昔の写真展示、写真コーナー、佐原の工芸品、祭のビデオ上映、三菱館資料展示室、休憩するスペースもあります。その隣りの「忠敬茶屋」には、佐原についての本や雑誌のコーナーがあります。

●町並み観光中央案内処／（一般社団法人）水郷佐原観光協会
tel. 0478-55-2020

「重要伝統的建造物群保存地区」にある小野川沿いに「町並み観光中央案内処」があり、観光案内のパンフレット、絵葉書などが置かれ、町並み観光の案内を受けられます。トイレもあります。

●その他の休憩処、トイレなど

夏祭り、秋祭りに合わせて、旧町の各所に、案内所、テント村、休憩処、トイレなどが臨時に設けられ、これらは祭りのチラシに記されているので、よく観ておくのが大切です。臨時のトイレが各所に設置されますが、伊能忠敬記念館裏手の公衆トイレは、各地にある公衆トイレの中でも、誇れるものでしょう。

【香取市佐原の観どころ】

●伊能忠敬記念館 tel. 0478-54-1118

●伊能忠敬旧宅

伊能忠敬記念館前から樋橋（ジャージャー橋）を渡った向いに伊能本家の伊能忠敬旧宅（国指定史跡）があり、公開されています。

●与倉屋大土蔵

下新町の大店・与倉屋菅井家の明治初年建造の大土蔵。展示会やシンポジウム会場など、文化空間として活かされています。

●馬場本店酒造・東薫酒造

香取街道沿いに二軒の酒造家があり、佐原特産の銘酒を造る。馬場本店酒造の「白味醂」は観光土産として親しまれています。東薫酒造は秋祭りの間「広場」を開放して休憩処ともなっています。

●水郷佐原山車会館 tei. 0478-52-4104

●佐原まちぐるみ博物館

商家代々の調度品、商売道具、季節飾りなど、四〇を超す店舗が小さな博物館を展示公開。佐原おかみさん会が運営しています。

●小野川シャトル舟

利根川河川敷臨時駐車場からお祭り区域までのシャトル舟で、小野川沿いの風景とともに、山車祭りの雰囲気を楽しめます。

【佐原郊外】

●観福寺 tel. 0478-52-2804

日本厄除三大師として知られ、佐原郊外・牧野の山中にある古刹。本尊は平将門の守護仏とされる聖観音。伊能家の菩提寺。

●下総国一之宮・香取神宮

香取神宮は、茨城県側の鹿島神宮、息栖《いきす》神社とともに、東国三社といわれています。関鉄グリーンバス高速バス「鉾田〜東京線」は東関東自動車道を通り、佐原・香取ＩＣで高速道を降りて「香取神宮前」で停まります。同バスはふだんは「忠敬橋前」か「ＪＲ佐原駅南口」で下車できますが、祭りの間は迂回するので香取神宮見学後、佐原駅北口で下車し、祭りを見物するのもよいかもしれません。

「特定非営利活動法人 佐原アカデミア」(まちぐるみキャンパス)

本書の刊行事業は、平成二三(二〇一一)年に有志により設立され、平成二八(二〇一六)年六月に設立総会を開催、一〇月に「特定非営利活動法人」としての資格を取得した「佐原アカデミア」の最初の仕事にあたります。

「佐原の大祭」については、これまでも調査報告その他の刊行物がありますが、「ユネスコ無形文化遺産登録」「日本遺産指定」という栄誉を、行政や市民の熱意ある活動のたまものとして刻みつけながら、それに恥じることのない佐原の山車文化の比類ない魅力を描いた写真文集となりました。

「佐原アカデミア」は、この冊子を起点として、①佐原を築きあげてきた歴史文化遺産、人々の結びつきが創りだしてきた有形・無形の生活遺産にかんする基本情報を集積し、かつ、これを可視化してみなさんに提供する研究・出版活動の始動点になることと、②町中をキャンパスとして、「佐原学」を共に学び伝え合い、生きた「まちづくり」を体験できる場をつくり、さまざまな課題にとりくむ人たちの人材育成に寄与する活動にとりくむこと、③さらに、地域の生活文化に閉じこもるのではなく、国内から海外にいたる人々との交通を太くし、「外部のまなざし」を入れた地域の文化資源の発見と新たな創造にとりくむこと、④これらにより、豊かで活力に満ち、かつ持続可能な地域力を培う「まちづくり」の媒体となることを目指します。

(理事長・大矢野 修)

【本書制作にあたって】

本書制作にあたって、佐原の多くの方からの協力をいただきました。また、本書中の写真には数多くの方が映っております。この本の主体は、町衆の方々の生きる姿であり、そこにこそ伝承の文化を生きるみなさまのありようがあるのだとおもいます。一々ご挨拶できませんが、ご了承いただきたく存じます。佐原の伝統を引き継ぎながら、新たな町の文化が生き生きと育まれ、この国でも指折りの生活文化の場所であり続けることを願っております。

「ユネスコ無形文化遺産登録」「日本遺産指定」記念

写真文集 佐原の大祭

二〇一七年二月一一日発行

編者=特定非営利活動法人 佐原アカデミア
写真=小関与四郎ほか(川口芳子・五十嵐芳子)
エッセイ=神崎宣武/中江有里/森田 朗
      関谷 昇/菅井源太郎
文=言叢社編集部(島 亨)/装丁=小林しおり

発行 言 叢 社

〒一〇一―〇〇六五 東京都千代田区西神田二―四―一東方学会本館
電話〇三―三二六一―四八二七 FAX〇三―三二六八―三六四〇

佐原町本宿八坂

大正十年